Antigua Grecia

500 datos interesantes sobre la historia de Grecia

Índice de contenidos

Índice de contenidos 2

Introducción 3

La Edad Oscura (1100-800 a. C.) 8

El surgimiento de la polis (800-600 a. C.) 12

El periodo arcaico (600-500 a. C.) 15

Las guerras greco-persas (500-479 a. C.) 18

La Edad de Oro de Atenas (479-431 a. C.) 22

Las guerras del Peloponeso (460-404 a. C.) 25

El ascenso de Macedonia (500 a. C.-336 a. C.).. 28

Las conquistas de Alejandro Magno (359-323 a. C.) 31

Las Guerras Diádocas (322 a. C.-275 a. C.) 34

El auge de los reinos helenísticos (275-146 a. C.) 38

Mitología y religión de la antigua Grecia 41

Los antiguos Juegos Olímpicos 44

Cultura y sociedad de la antigua Grecia 46

Filosofía de la antigua Grecia 48

Matemáticas de la antigua Grecia 51

Ciencia y tecnología de la antigua Grecia.. 53

Arte y arquitectura de la antigua Grecia 56

Literatura griega antigua 58

Lengua y alfabeto griegos antiguos... 59

La guerra en la Grecia antigua.. 60

Comercio en la Antigua Grecia 62

La colonización de la antigua Grecia 63

Derecho y gobierno de la antigua Grecia 64

Conclusión 65

Fuentes y referencias adicionales... 66

Introducción

Bienvenido **al mundo de la antigua Grecia.** A lo largo de milenios, este periodo de la historia estuvo marcado por increíbles logros en **arte, literatura, filosofía** y mucho más. Este libro le llevará en un apasionante viaje a través del tiempo. Exploraremos la Grecia antigua temprana (8000 a. C.-1100 a. C.), **la Edad Oscura griega** (1100 a. C.-800 a. C.), y seguiremos a través de la antigüedad hasta los días de la **colonización griega** (146 a. C.).

Prepárese para descubrir secretos olvidados de **la misteriosa Edad Oscura griega** y sea testigo de cómo acontecimientos como el surgimiento de la polis (o ciudad-estado) moldearon la sociedad de las generaciones venideras. Conozca algunos **momentos clave de la historia de la Grecia antigua,** como **las guerras greco-persas,** las conquistas de **Alejandro Magno** e incluso las batallas libradas entre reinos y ciudades-estado griegos rivales.

Este libro es la puerta de entrada a la Grecia antigua. Embárquese con nosotros en este apasionante viaje en el tiempo, en el que le esperan muchos secretos por descubrir.

!

La Grecia antigua primitiva
(8000 a. C.-1100 a. C.)

En este capítulo exploraremos **la fascinante historia de Grecia** desde el **8000 a. C. hasta el 1100 a. C.** Veremos treinta datos interesantes sobre su cultura, creencias, lengua y arte. **Descubra cómo esta antigua civilización** utilizó la naturaleza como alimento y refugio y desarrolló complejas redes comerciales con otras tribus **del Mediterráneo.** Conozca las tres principales civilizaciones griegas de la época: **los minoicos, los cicládicos y los micénicos.**

1. **La Edad de Piedra en Grecia** se desarrolló **entre el 8000 y el 3000 a. C.** aproximadamente. Los habitantes de esta época utilizaban herramientas de piedra para cazar animales y alimentarse. **Construían casas de adobe** o tiendas con pieles de animales.

2. **Cultivaban trigo, cebada, aceitunas, uvas, higos y lentejas.** Cazaban y pescaban en los ríos y océanos cercanos mariscos como el mero y el pulpo.

3. Los pueblos que vivieron a finales de la Edad Antigua en Grecia fueron **las civilizaciones cicládica, minoica y micénica.**

4. Se cree que **la civilización cicládica** duró de **3200 a 1050 a. C.,** la minoica de **2700 a 1420 a. C.** y la **micénica de 1350 a 1200 a. C.**

5. **La civilización cicládica** nació en las islas Cícladas, al suroeste de Atenas.

6. **Hacia el año 2000 a. C.,** la cultura cicládica empezó a verse eclipsada por la cultura minoica, que comenzó a extenderse desde Creta a otras islas griegas.

7. **La cultura minoica** se desarrolló en la gran isla de Creta, situada a unos cien kilómetros al sur de la Grecia continental.

8. **De estas tres civilizaciones,** se cree que la minoica fue la que tuvo las rutas comerciales más extensas.

9. **Los minoicos** elaboraban y comercializaban su vino con muchas otras civilizaciones del Mediterráneo oriental.

10. **Los minoicos disponían de un sólido sistema comercial** que les permitía intercambiar bienes con pueblos alejados de Grecia, como **los egipcios o los fenicios.** Se cree que los fenicios eran originarios de la zona del actual Líbano.

11. **Los micénicos** se asentaron en la parte oriental **del Peloponeso,** la gran península que parece casi una isla en el suroeste de Grecia.

12. Durante esta época, **los reyes minoicos y micénicos construyeron grandes palacios** donde podían vivir con sus familias.

13. **Los micénicos eran conocidos por sus impresionantes murallas de piedra** construidas alrededor de sus palacios para protegerlos de los invasores.

14. **Los antiguos griegos tenían una rica cultura artística.** Creaban estatuas y esculturas detalladas de dioses y héroes a su semejanza y pintaban frescos en las paredes del interior de palacios o templos que **representaban escenas de la mitología.**

15. **La civilización cicládica creó ídolos de mármol.** Uno de estos mide 1,5 metros de altura y se cree que representa a una diosa.

16. **La cerámica era una forma de arte popular en la Grecia antigua.** La cerámica minoica se caracteriza por sus coloridos e intrincados diseños.

17. **Las esculturas griegas de estos primeros tiempos solían representar a dioses o héroes** hechos de bronce. **Las famosas máscaras funerarias micénicas,** creadas entre 1650 y 1500 a. C. y descubiertas en 1876, son grandes ejemplos del arte griego primitivo.

18. **El arte mural de las ruinas minoicas** muestra a jóvenes compitiendo en un deporte muy peligroso llamado **salto del toro.** El atleta saltaba por encima de la cabeza de un toro que embestía. Hoy en día, en las corridas de toros portuguesas se celebra una competición similar en la que un grupo de hombres «atrapa» a un toro que embiste para ver qué tan rápido se puede detener su carrera.

19. **A los antiguos griegos también les gustaban los juegos de mesa como la** *petteia,* similar a las damas, en el que dos jugadores movían sus fichas por un tablero cuadrado para capturar primero la ficha del rey de su oponente.

20. **La antigua Grecia tenía un deporte llamado** *pankration.* Se trataba de un deporte de combate en el que los luchadores se enfrentaban entre sí **utilizando técnicas de lucha, boxeo y otras artes marciales** hasta que uno de los dos se rendía o quedaba noqueado.

21. **Los instrumentos musicales griegos** incluían la **lira** (un instrumento de cuerda), **flautas de pan** hechas de cañas y **panderetas** hechas con piel de animal estirada sobre marcos de madera. Los músicos solían interpretar canciones mientras cantaban en festivales o ceremonias religiosas.

22. **Antes de que existiera la escritura, se recurría a la narración oral** y a las canciones para transmitir la información de una generación a otra.

23. **Los minoicos tenían una forma de escritura llamada Lineal A,** que todavía es estudiada por arqueólogos y lingüistas que intentan descifrarla.

24. **Los micénicos desarrollaron una forma de escritura llamada Lineal B** alrededor del año 1400 a. C. funcionarios y sacerdotes la utilizaban principalmente para llevar registros sobre impuestos o servicios religiosos. **La escritura lineal B es más antigua que el alfabeto griego,** que se utilizó durante el periodo clásico de Grecia (500-323 a. C.).

25. **Los antiguos griegos también eran hábiles marineros** que utilizaban primitivos barcos de vela para viajar por el Mediterráneo y más allá en busca de nuevas tierras y recursos.

26. **La antigua Grecia también sufrió varias guerras.** La más famosa es probablemente **la guerra de Troya,** en la que los griegos lucharon contra los troyanos durante diez años, en algún momento entre 1200 y 1100 a. C.

27. **Los griegos creían en muchos mitos sobre dioses, diosas, monstruos, héroes** y mucho más. Estas historias se contaban a menudo a través de tradiciones orales que se transmitían de generación en generación hasta que finalmente se escribieron en libros.

28. **El rey más famoso de la antigua Creta fue el legendario rey Minos,** que también se creía que era hijo de Zeus y padre del Minotauro. Según la leyenda, **Minos fue el primer rey de los minoicos.**

29. **Los antiguos griegos creían que los dioses y diosas eran los responsables de los fenómenos naturales, como la lluvia, las tormentas y los terremotos.** Incluso construyeron templos dedicados a estas poderosas deidades para que la gente pudiera hacer ofrendas y asegurarse la buena fortuna.

30. **Los micénicos creían en varios reinos de ultratumba, como** *Elysion* (que los romanos llamaban *Elysium*), donde iban los héroes después de la muerte, **y el Tártaro,** donde se enviaba a las almas malvadas a sufrir un castigo eterno. El Tártaro era también el nombre del dios griego del más allá.

La Edad Oscura

(1100-800 a. C.)

Explore la fascinante historia de **la Edad Oscura griega** en este capítulo. Veremos treinta datos interesantes sobre la cultura de esta época y la razón por la que Grecia entró en un periodo de estancamiento y penuria. Hacia el final de la Edad Oscura griega, **los griegos comenzaron a organizarse en ciudades-estado,** ciudades que se gobernaban a sí mismas como lo hacen hoy las naciones.

31. La gente llama a este periodo **la Edad Oscura griega** en lugar de simplemente la Edad Oscura para distinguir entre este periodo de tiempo en Grecia y la posterior **Edad Media** europea, también llamada Edad Oscura.

32. Fue una época en la que **no existían registros escritos**, por lo que gran parte de lo que sabemos sobre esta época procede de hallazgos arqueológicos.

33. **Este periodo se conoce como la Edad Oscura griega porque se produjo un colapso relativamente repentino de las diferentes culturas griegas.**

34. Algunos historiadores creen que **un cambio radical en el clima y las malas prácticas agrícolas** que provocaron la erosión contribuyeron al surgimiento de la Edad Oscura griega.

35. Gracias a la arqueología, sabemos que algunas comunidades quedaron completamente abandonadas durante una o dos décadas en **la Edad Oscura griega.** Es posible que enfermedades como la peste se extendieran por estas comunidades.

36. -**La Edad Oscura griega coincidió con colapsos similares entre los hititas,** que vivían en la actual Turquía. **Los egipcios y los asirios también se vieron afectados.**

37. -Muchos historiadores creen que las invasiones de **grupos procedentes de los Balcanes** y, sobre todo, de un misterioso grupo conocido como **los pueblos del mar, fueron en gran parte responsables de la Edad Oscura griega.** Los pueblos del mar podrían proceder de la zona al norte del mar Negro.

38. -**Durante este periodo, la gente se centró en la supervivencia,** por lo que el uso de la escritura cesó casi por completo. Hacia el final del periodo, los griegos empezaron a escribir de nuevo, pero utilizaban letras del alfabeto fenicio.

39. -**Los fenicios** eran un pueblo marinero que se trasladó a la zona. **Las letras fenicias fueron la base del alfabeto griego.**

40. Al principio de **la Edad Oscura griega,** las avanzadas propiedades palaciegas de los principales micénicos fueron abandonadas o destruidas. Los historiadores siguen debatiendo las causas.

41. A pesar del declive demográfico en Grecia, o tal vez debido a él, **algunos griegos se asentaron en Chipre e incluso en la costa de la actual Siria.**

42. **En la actualidad, la gran isla de Chipre está dividida entre turcos y griegos.** Durante la Edad Oscura griega, se convirtió en un centro multicultural con griegos, fenicios, egipcios y probablemente otros que comerciaban en la isla.

43. **La isla de Eubea,** situada justo enfrente de **Atenas,** fue el lugar de un enterramiento ritual hallado por los arqueólogos **en 1981,** que dataron la **tumba** en esta época misteriosa. El enterramiento incluía **las tumbas de un hombre y una mujer** que fueron enterrados con objetos de ultramar **fabricados trescientos o cuatrocientos años antes.** Se sacrificaban caballos con bocados en los dientes que acompañaban a las personas en el más allá.

44. **En esta época, Grecia estaba dividida en cuatro culturas principales: los jonios** en el este, **los dorios en el oeste, los aqueos en el suroeste y los eolios en el noroeste, al oeste de la actual Atenas.** Los jonios y los dorios son los más conocidos.

45. En esta época, la mayoría de los griegos se dividían en *oikoi,* que eran grupos familiares extensos.

46. Entre **750 y 500 a. C., la mayoría de los griegos fueron gobernados por monarcas llamados tiranos,** que tenían un poder casi ilimitado.

47. **La era de los tiranos es directamente responsable del auge de las ideas democráticas en Grecia.**

48. Durante la última parte de **la Edad Oscura griega,** estallaron muchas guerras entre diferentes ciudades-estado griegas debido a las luchas por el poder político entre los tiranos.

49. **El comercio entre los griegos y las demás culturas del Mediterráneo** se resintió durante gran parte de este periodo.

50. **La cerámica de la Edad Oscura griega** tenía un diseño mucho más primitivo que la de las civilizaciones griegas anteriores.

51. A pesar de que la **Edad Oscura griega** incluyó el colapso económico, la guerra, la invasión y las enfermedades, aún hubo algunos desarrollos **que ayudarían a la posterior civilización griega** a liderar a Europa en muchas áreas.

52. **Muchos de los primeros inventos se desarrollaron en distintas partes del mundo al mismo tiempo.** Por ejemplo, los antiguos griegos desarrollaron la rueda hidráulica más o menos al mismo tiempo que en Asia oriental.

53. **El nuevo alfabeto griego, desarrollado entre mediados y finales del siglo VIII a. C.,** se extendió a otras zonas de la cuenca mediterránea, sobre todo cuando las ciudades-estado griegas se recuperaron y empezaron a crear colonias en otros lugares, por ejemplo, en Sicilia.

54. **Mucha gente olvida que los antiguos griegos se asentaron en Sicilia y el sur de Italia,** influyendo en las tribus de la zona, incluidos los etruscos, que ejercieron una gran influencia en Roma.

55. **Los antiguos griegos creían firmemente en la suerte** (el destino inevitable de una persona), que determinaba los acontecimientos que sucedían en la vida. Esta creencia se refleja en la literatura, como en la Ilíada y la Odisea.

56. **Las mujeres no tenían mucho poder en la sociedad de la época,** pero podían ser sacerdotisas. En ocasiones, las sacerdotisas podían llegar a ser muy influyentes.

57. **Hacia el final de la Edad Oscura griega, en el año 776 a. C., se celebraron los primeros Juegos Olímpicos** cerca de la importante ciudad de Olimpia, en el sur de Grecia, donde se construyó un gran templo al dios Zeus. Los atletas competían en pruebas como atletismo, lanzamiento de jabalina y lanzamiento de disco.

58. **Los grandes edificios que se construyeron durante esta época parecen ser templos.** Como la mayoría de los pueblos antiguos, **los griegos buscaban el favor de los dioses,** que se creía que concedían buena fortuna a aquellos a los que favorecían.

59. **Durante la Edad Oscura griega, los griegos experimentaron un desplazamiento de las pequeñas aldeas hacia ciudades más grandes,** que crecieron debido al aumento del comercio entre regiones.

60. **Hacia el final de la Edad Oscura griega, algunas ciudades empezaron a ser gobernadas por un grupo de los hombres más importantes de la ciudad,** sustituyendo la idea del gobierno unipersonal y dando lugar al surgimiento de la democracia primitiva.

El surgimiento de la polis
(800-600 a. C.)

En este capítulo exploraremos **el surgimiento de la antigua civilización griega**. Veremos treinta datos interesantes sobre sus ciudades-estado, leyes, religión y comercio. Descubra cómo en este periodo surgieron importantes **avances en filosofía, literatura y democracia** que dieron forma a nuestro mundo moderno.

61. **Polis** es la palabra griega para **ciudad-estado.**

62. **Alrededor del año 800 a. C. comenzó el auge de las polis en Grecia,** cuando la gente empezó a vivir junta en comunidades más grandes para protegerse y obtener beneficios económicos.

63. **Hacia el 600 a. C., Atenas** se había convertido en una de las dos ciudades-estado más poderosas. **Esparta** era la otra ciudad-estado poderosa.

64. Sin embargo, **había docenas de ciudades-estado,** aunque algunas de ellas eran bastante pequeñas y acabaron aliándose con ciudades más poderosas.

65. Se calcula que **en la antigua Grecia hubo más de mil ciudades-estado,** aunque las grandes polis como **Atenas, Esparta, Corinto y Tebas** dominaban sus regiones y las polis más pequeñas.

66. Aunque a menudo se olvida, **la ciudad-estado de Corinto** desempeñó un papel importante en la Grecia antigua. La ciudad estaba situada entre el istmo meridional del **Peloponeso** y la Grecia continental. La posición geográfica de **Corinto** la hizo poderosa.

67. **Cada polis tenía sus leyes y reglamentos.** En algunas ciudades, como Atenas, estas leyes eran votadas por los ciudadanos que formaban parte de una asamblea o consejo.

68. **Los ciudadanos también podían participar en la toma de decisiones políticas** votando en reuniones públicas llamadas ágoras.

69. **Una característica vital de la polis era la ciudadanía.** Sólo los nacidos dentro de unos límites determinados o los que recibían el reconocimiento formal de otros ciudadanos podían ser contados como ciudadanos.

70. **Los atenienses** creían que todos los ciudadanos eran responsables de participar en la vida pública y de mantener las leyes de su sociedad **mediante la discusión y el debate.**

71. **La democracia se desarrolló en algunas ciudades.** Todos los ciudadanos podían votar las leyes en lugar de que un gobernante decidiera todo.

72. **Sin embargo, no todo el mundo podía convertirse en ciudadano.** La mayoría de los habitantes de Atenas y de otras ciudades-estado no eran ciudadanos. **Las mujeres, los esclavos y los extranjeros no podían ser ciudadanos.**

73. **A los ciudadanos se les concedían ciertos derechos** y obligaciones que debían cumplir por el bien de su comunidad.

74. **Los ciudadanos de una polis debían participar en actividades militares,** como defender su ciudad cuando era atacada.

75. **Los espartanos tenían un sistema diferente. Dos reyes, cada uno de una familia poderosa, compartían el poder.** Ambos reyes debían ser guerreros experimentados y líderes militares. Esparta se convirtió en una sociedad en la que el ejército era de suprema importancia.

76. **El principal deber de las mujeres en Esparta era tener hijos varones para el ejército.** Durante muchos años se creyó que los bebés espartanos eran inspeccionados al nacer y asesinados si mostraban algún signo de debilidad, pero hoy en día los historiadores empiezan a dudar de que sea cierto.

77. **Las mujeres de otras polis podían tener propiedades y dirigir negocios.**

78. **Hay testimonios de mujeres espartanas que tomaron las armas en el año 272 a. C. para defender la ciudad** de un asalto del rey del norte de Grecia, Pirro.

79. **La mayoría de las ciudades-estado construyeron defensas alrededor de la ciudad** para protegerse de los ataques de ciudades-estado rivales o de extranjeros.

80. **La esclavitud también fue común durante este periodo.** Se adquirían esclavos a través de la guerra o se compraban a comerciantes.

81. El comercio entre las distintas polis aumentó tras el final de la Edad Oscura griega. Los mercaderes intercambiaban mercancías por dinero o artículos de trueque como alimentos o ganado en los días de mercado, que se celebraban regularmente cada mes.

82. La moneda se acuñó con símbolos o imágenes que representaban a las distintas polis.

83. Con el auge de las polis se desarrollaron las infraestructuras, como las carreteras, que conectaban las distintas ciudades y facilitaban los desplazamientos de bienes y personas.

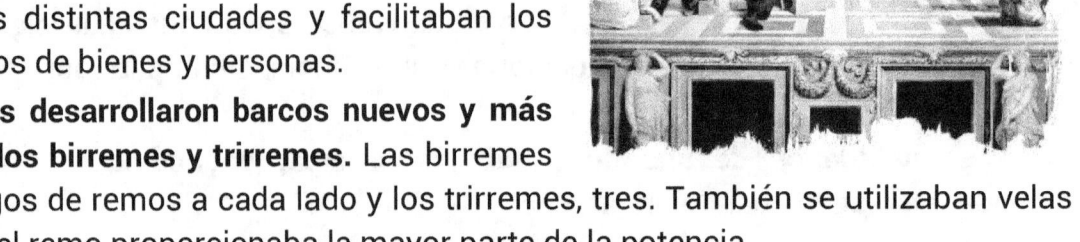

84. Los griegos desarrollaron barcos nuevos y más rápidos, llamados birremes y trirremes. Las birremes tenían dos juegos de remos a cada lado y los trirremes, tres. También se utilizaban velas sencillas, pero el remo proporcionaba la mayor parte de la potencia.

85. La religión desempeñaba un papel importante en la vida de la gente durante este periodo. Celebraban a dioses, diosas y otras figuras míticas con festivales a lo largo del año. Visitaban templos situados dentro de sus ciudades o lugares sagrados fuera de ellas.

86. Los espartanos solían decir que los atenienses eran «femeninos» por su amor a la poesía, la filosofía y el arte. Los atenienses creían que los espartanos eran bárbaros apenas civilizados y con poca cultura.

87. El teatro griego se desarrolló alrededor del año 700 a. C. y se representaban obras sobre figuras heroicas, como Hércules, normalmente en ocasiones importantes o festivas.

88. Las famosas máscaras sonrientes y ceñudas que a veces se utilizan hoy en día para simbolizar las artes teatrales pueden relacionarse con este periodo de la historia griega. Muchas obras griegas utilizaban máscaras para transmitir emociones en lugar del rostro del actor.

89. Esquilo (525-456 a. C.) fue un famoso escritor griego de este periodo. Escribió sobre todo tragedias, muy populares en Grecia. Todavía hoy se escriben muchas obras y películas trágicas.

90. La cultura griega antigua se extendió por muchas partes de Europa, influyendo en la arquitectura, los estilos artísticos, la lengua y la literatura.

El periodo arcaico
(600-500 a. C.)

En este capítulo exploraremos **la fascinante historia de la antigua cultura griega durante el periodo arcaico.** Veremos treinta datos interesantes sobre su **arte, arquitectura, filosofía y literatura.** Descubra cómo este periodo sentó las bases para los periodos posteriores de la antigua Grecia, incluidos **los avances en matemáticas y democracia** que aún utilizamos hoy en día.

91. **El periodo arcaico fue cuando la cultura y la civilización de la antigua Grecia** empezaron a desarrollarse tras la Edad Oscura griega, entre los años 800 y 480 a. C. aproximadamente.

92. **En el año 480 tuvo lugar la famosa batalla de las Termópilas.** Esa batalla formó parte de la segunda invasión persa, que terminó en 479.

93. **Persia era un gran reino situado muy al este, en el actual Irán.** La primera invasión persa tuvo lugar en 492 a. C. Terminó cuando la flota ateniense derrotó a la persa en Maratón, frente a la costa griega.

94. **Aunque Atenas y las demás ciudades griegas se denominaban ciudades-estado, su población era bastante reducida.** Atenas contaba probablemente con unos cincuenta mil atenienses y quizá el doble de esclavos y no atenienses.

95. **No todos los atenienses vivían en la ciudad.** También había pueblos y aldeas alrededor de la ciudad.

96. **Las ciudades-estado competían ferozmente con sus vecinos por el poder,** los recursos y la influencia.

97. **Cimón de Atenas intentó el primer golpe político conocido de la historia** cuando trató de convertirse en el tirano de Atenas. Esto ocurrió antes de que comenzara la democracia ateniense.

98. **Los griegos desarrollaron una forma temprana de democracia representativa** (en la que los ciudadanos votaban), que acabó formando parte de muchos sistemas de gobierno actuales.

99. **La *boule* era un cuerpo de quinientos hombres que representaban a diversas zonas de Atenas** y sus alrededores. Los ciudadanos de cierta edad eran elegidos al azar para formar parte del consejo.

100. **Draco fue el principal legislador de la Grecia arcaica.** Tal vez fue el primero en poner **las leyes atenienses por escrito** y a la vista de todos, sustituyendo a la tradición y al capricho de los tiranos.

101. **Algunas personas estaban resentidas con Draco y sus leyes.** De su nombre procede la palabra moderna «draconiano». Draconiano se refiere a una ley que se considera demasiado dura.

102. **Solón fue otro famoso legislador ateniense de la Grecia arcaica.** Una de las cosas que hizo fue sustituir el requisito para ocupar un cargo de ser noble por el de tener riqueza.

103. **A pesar del auge de los primeros principios democráticos en lugares como Atenas, muchas ciudades-estado seguían siendo gobernadas por tiranos.**

104. **La palabra «gimnasio» es la versión latina del griego *gymnasion*.** El gimnasio era un lugar de reunión al aire libre donde se entrenaban los atletas. **También servía como lugar de reunión de la comunidad,** muy parecido a los gimnasios de los institutos de hoy en día, donde se celebran partidos y reuniones municipales.

105. **La esperanza de vida era increíblemente corta en la antigua Grecia.** Se estima que la mayoría de la gente sólo vivía entre los veinticinco y los treinta y cinco años.

106. **El periodo arcaico tuvo un auge del arte de las esculturas de bronce y mármol** y de la pintura en cerámica.

107. **La alfarería se hizo más avanzada durante este periodo.** Se representaban bellas formas y escenas de la naturaleza e historias basadas en acontecimientos célebres. La cerámica griega antigua nos ha ayudado a conocer mejor la vida cotidiana en Grecia.

108. El arte griego de esta época presentaba a menudo esculturas que representaban figuras humanas con proporciones idealizadas. Estas esculturas se conocen como *kouroi*.

109. La mayoría de los *kouroi* son de hombres jóvenes, aunque también se representan algunas mujeres.

110. Los griegos desarrollaron su propio sistema alfabético basado en los jeroglíficos egipcios.

111. El «alfabeto» (palabra griega) acabó convirtiéndose en la base de los alfabetos occidentales posteriores.

112. El poema épico de Homero, la Ilíada, fue escrito durante el periodo arcaico. Narra la guerra de Troya y se considera una de las primeras obras de la literatura occidental.

113. El periodo arcaico fue también una época de **importantes avances en la ciencia, las matemáticas y la filosofía.** Entre los pensadores más famosos se encuentra Tales, considerado uno de los primeros hombres en poner por escrito sus ideas sobre la naturaleza del ser. Inspiró al **filósofo Aristóteles y al matemático Pitágoras.**

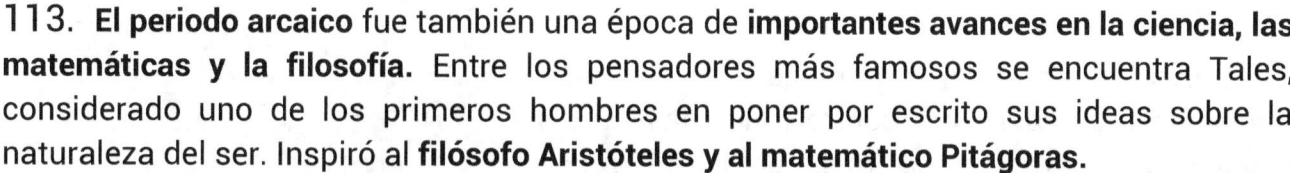

114. Aunque muchas culturas anteriores utilizaron la geometría básica, **los griegos del periodo arcaico formaron gran parte de la base de la geometría** que aún estudiamos en la escuela hoy en día.

115. En esta época, **los dioses y diosas de la antigua Grecia** que conocemos hoy estaban bien desarrollados. La mayoría de los griegos creían en ellos y en sus poderes.

116. Las obras del **famoso Partenón** se iniciaron a finales del periodo arcaico. Se construyó como parte de un complejo de santuarios.

117. Hoy en día, la Acrópolis, donde se encuentra el Partenón, es uno de los lugares antiguos más visitados del mundo, quizás sólo **el Coliseo de Roma** recibe más visitantes.

118. Otro templo importante construido en la época arcaica fue el templo de Apolo. Hoy se pueden visitar sus ruinas en Corinto.

119. Al final del periodo arcaico, **había colonias griegas en España, el sur de Francia, Italia, Córcega, Cerdeña, Sicilia, la costa de Egipto,** alrededor del mar Negro y Asia Menor (la actual Turquía).

120. El periodo arcaico se considera una época crítica de la historia porque sentó las bases de periodos posteriores. Fue cuando **la antigua civilización griega** empezó a tomar forma.

Las guerras greco-persas
(500-479 a. C.)

En este capítulo exploraremos la fascinante historia de **las guerras greco-persas.** Veremos treinta datos interesantes sobre cómo griegos y persas se enfrentaron por el control, así como sus **estrategias** de batalla, **las figuras clave** y los acontecimientos que dieron forma a **este conflicto.**

121. **Las guerras greco-persas** fueron una serie de guerras libradas entre los antiguos griegos y persas. Duraron desde el año **500 hasta el 479 a. C. aproximadamente.**

122. **Las guerras greco-persas** se libraron principalmente por el control de **las rutas comerciales estratégicas** a través del Mediterráneo que conectaban Asia con Europa. **Grecia quería independizarse de las influencias exteriores.**

123. Estas guerras marcaron la primera vez **que las ciudades-estado de Grecia se unieron contra un enemigo común.**

124. **La primera invasión persa comenzó en 492 a. C.** y fue dirigida por el rey Darío el Grande.

125. **Darío I fracasó en su invasión** debido a la fuerte resistencia de **las fuerzas atenienses bajo el liderazgo de Milcíades.** La batalla más famosa de este periodo fue la de **Maratón, que tuvo lugar en 490** y puso fin a la invasión.

126. **El rey Jerjes** intentó otra invasión diez años más tarde, pero fracasó cuando la fuerza naval ateniense derrotó a su armada en Salamina en 480 a. C.

127. **La armada ateniense fue la clave para ganar las batallas contra la gran armada persa** gracias al uso de nuevas tácticas como el *diekplous* y el *periplous.* El *diekplous* consistía en introducir una cuña de barcos a través de la formación enemiga. El *periplous* consistía en rodear a las fuerzas enemigas.

128. Los griegos pasaron a la ofensiva después de Salamina. En 479 a. C., **las fuerzas espartanas detuvieron a un ejército comandado por el general de Jerjes, Mardonio, cerca de Platea,** lo que puso fin oficialmente a la segunda invasión persa.

129. Tras derrotar al ejército persa en Platea (479 a. C.), los espartanos les impusieron un tratado de paz que marcó el fin de las guerras entre Grecia y Persia hasta la época de Alejandro Magno, unos 140 años después.

130. Muchos historiadores creen que el exceso de confianza de **Darío y Jerjes** en el número de sus tropas y barcos fue en parte culpable de su derrota.

131. Durante estas guerras, personajes famosos como **Temístocles, Jerjes I, Milcíades, Leónidas y Pausanias** dejaron su huella en la historia.

132. Los principales lugares de batalla fueron **Maratón** (490 a. C.), **las Termópilas** (480 a. C.) y **Salamina** (480 a. C.).

133. La batalla de Maratón se considera a menudo como una de las mayores batallas de la historia debido a su importancia para poner fin a los planes de invasión de **Jerjes.** Muchos historiadores creen que si la invasión persa hubiera tenido éxito, el papel de Grecia en la historia habría sido limitado, en el mejor de los casos.

134. **Las carreras de maratón actuales tienen su origen en la historia de Feidípides,** que corrió desde la costa griega hasta Atenas para advertir a los atenienses de la invasión persa en Maratón. Aunque **Feidípides corrió más de cien millas,** las famosas carreras de maratón actuales son de veintiséis millas.

135. **Durante la segunda invasión persa,** Grecia se salvó cuando **trescientos soldados espartanos contuvieron a todo un ejército persa** en las Termópilas durante tres días antes de ser derrotados. Esto permitió a Atenas y a otras ciudades griegas formar una mejor defensa contra los invasores.

136. Hoy en día, el famoso poema sobre los **espartanos en las Termópilas** está grabado en un marcador en el lugar de la batalla. El poema fue escrito por **Simónides** (556-468 a. C.). El poema termina así: «Ve a decir a los espartanos, tú que pasas / Que aquí, obedientes a sus leyes, yacemos».

137. **La batalla de las Termópilas,** que significa «**puertas calientes**», se libró cerca de la costa, pero hoy en día el lugar de la batalla se encuentra en realidad un poco más tierra adentro. Los movimientos geológicos, incluidos los terremotos, han desplazado el lugar de la batalla a lo largo del tiempo.

138. **Las fuerzas navales griegas en Salamina** estaban en inferioridad numérica, pero utilizaron barcos más rápidos y tácticas superiores para derrotar a los persas.

139. **El estratega ateniense Temístocles** desempeñó un papel esencial durante la segunda invasión persa al persuadir a otras ciudades-estado para que se aliaran con Atenas en la lucha contra los **persas en Salamina (480 a. C.),** donde la victoria resultó decisiva para poner fin al conflicto y Grecia salió victoriosa sobre Persia una vez más.

140. **El antiguo filósofo griego Heródoto** escribió un relato detallado de los acontecimientos antes, durante y después de las guerras, conocido hoy como *Las historias.* Es uno de los libros más influyentes que se han escrito sobre la historia antigua.

141. **Los espartanos eran reconocidos por sus hábiles tácticas durante las guerras greco-persas.** Utilizaban **formaciones de falange,** en las que los guerreros se colocaban uno al lado del otro con los escudos bien apretados. Sus lanzas, de diferentes longitudes, apuntaban hacia los enemigos.

142. Algunas **tropas griegas y persas utilizaban carros de combate tirados por caballos.**

143. **Las guerras greco-persas** dieron lugar al surgimiento de los hoplitas, soldados griegos con casco y armadura parcial que combatían cuerpo a cuerpo con un escudo largo y una lanza. Hoy en día, los hoplitas son un símbolo icónico del poderío militar de la antigua Grecia en los libros de historia.

144. **Tras la guerra, el poder persa sobre la región mediterránea declinó.** Sin embargo, Persia seguía siendo una poderosa potencia regional en Oriente Próximo.

145. **Mientras tanto, Grecia se hizo más poderosa** gracias al aumento del comercio con otras culturas hasta convertirse en una gran civilización en el siglo IV a. C.

146. **Atenas y Esparta emergieron como las dos ciudades-estado griegas** dominantes durante este periodo.

147. **Las victorias atenienses durante la guerra les llevaron a formar la Liga Délica,** que sirvió como alianza defensiva contra futuras invasiones de Persia u otros enemigos.

148. **La Liga Délica es uno de los primeros ejemplos de una gran alianza defensiva en la historia.**

149. La derrota de los persas permitió a los griegos realizar avances culturales sin tener que preocuparse por una invasión e inauguró lo que se conoce como **el periodo clásico de la antigua Grecia.**

150. En conclusión, **las guerras greco-persas fueron un momento crucial de la historia mundial** que dio forma a la democracia moderna y sentó las bases para el intercambio cultural entre Oriente y Occidente. Las guerras también inspiraron innumerables obras literarias a lo largo de los siglos posteriores.

La Edad de Oro de Atenas
(479-431 a. C.)

Este capítulo explora **la Edad de Oro de Atenas**, también conocida como **el periodo clásico**. En esta época se produjeron **avances sin precedentes en democracia, literatura, arte, filosofía y arquitectura.** Veremos treinta **datos interesantes sobre los dioses y diosas griegos y el teatro.** Descubra cómo este periodo sentó las bases de muchas prácticas actuales, como **la votación** de leyes o **la elección de líderes** para representar a los ciudadanos.

151. Durante esta época, **la ciudad-estado de Atenas** se hizo muy poderosa e influyente.

152. **La democracia ateniense** era a la vez similar y diferente de la democracia actual. Sólo podían votar los ciudadanos varones mayores de dieciocho años. De los 100.000 ciudadanos de Atenas en el siglo IV a. C., sólo unos 40.000 podían votar.

153. **El gobierno ateniense** de la Edad de Oro se dividía en tres secciones: la *ekklesia*, la *boule* y la *dikasteria*.

154. **La *ekklesia*** era una asamblea del *demos*, los ciudadanos varones. La *ekklesia* se celebraba unas cuarenta veces al año.

155. **Cualquier ciudadano varón podía hablar o plantear una cuestión en la *ekklesia*.** La mayoría de los historiadores creen que a las reuniones solían asistir unos cinco mil hombres.

156. **La mayor parte del tiempo, la *ekklesia* se dividía extraoficialmente en grupos,** con algunos presionando por un tema y otros por el contrario.

157. **La *ekklesia* tomaba decisiones sobre política exterior y guerra.** Redactaba y modificaba leyes y juzgaba la conducta de los funcionarios públicos.

158. **La *boule* también era conocida como el Consejo de los quinientos.** La *boule* estaba siempre reunida y supervisaba las operaciones cotidianas de Atenas, desde la construcción naval hasta la diplomacia. **La *boule* también tenía derecho a elegir los temas para la siguiente reunión de la *ekklesia*.**

159. Los hombres de la *boule* no eran elegidos por votación. Se elegían por sorteo. El sistema de lotería significaba que en Atenas no podía establecerse una burocracia permanente, lo que limitaba la corrupción en el gobierno. Los historiadores han descubierto que los ricos y poderosos solían ganar estas loterías.

160. Las *dikasteria* eran los tribunales, aunque funcionaban de un modo distinto al que conocemos. **La *dikasteria* se votaba** cada día entre un grupo de ciudadanos varones mayores de treinta años.

161. Estos hombres eran jurados y jueces en casos que iban desde el asesinato al robo. También actuaban como abogados defensores y fiscales.

162. Un líder famoso durante esta época fue Pericles, que fue general ateniense durante muchos años. Ayudó a construir la infraestructura de la ciudad, incluyendo la construcción de murallas para protegerse de los enemigos.

163. Cuando Pericles dirigió Atenas hacia el 461 a. C., Atenas pasó lentamente de ser una democracia a ser más bien una aristocracia.

164. Uno de **los problemas que dividía a los atenienses** durante la última parte de la Edad de Oro **era su relación con Esparta,** con la que se había aliado durante las guerras persas.

165. Esparta era una dictadura militar. Atenas era una democracia primitiva. Por tanto, veían el mundo de forma diferente.

166. Algunos atenienses creían que los espartanos les habían dejado solos frente a los persas en Maratón. Otros atenienses creían que Atenas debía estrechar lazos con Esparta por razones defensivas y económicas.

167. Los antiguos atenienses crearon algunas fantásticas obras de arte durante esta época, por ejemplo, esculturas que representaban atletas en mármol o bronce, como **el Discóbolo.**

168. En la Edad de Oro de Atenas se generalizó el uso de estilos arquitectónicos como el dórico y el jónico, que se utilizaron en muchos edificios públicos de toda Grecia, incluidos **los templos dedicados a dioses como Zeus o Atenea.** Estos estilos se siguen utilizando hoy en día.

169. Las columnas dóricas son las más básicas de las columnas de estilo griego. Suelen estar rematadas con una cabeza con volutas o una plana. Las columnas jónicas son algo más elaboradas.

170. El Partenón, en lo alto de la Acrópolis, es uno de los monumentos más conocidos de la Antigüedad. Llegó a simbolizar el poder y la influencia de Atenas.

171. Acrópolis significa «ciudad alta» y era el lugar más sagrado para los antiguos atenienses.

172. El Partenón estaba dedicado a la diosa Atenea, que se creía que protegía la ciudad con su sabiduría y su fuerza.

173. En la mitología griega, Atenea, diosa de la sabiduría, y Poseidón, dios del mar, se enzarzaron en una lucha sobrenatural en lo alto de la Acrópolis por el derecho a dar nombre a la ciudad. Ganó Atenea y la ciudad recibió el nombre de Atenas.

174. La deidad patrona de Atenas era Atenea, pero las ciudades-estado tenían dioses diferentes como patronos. Por ejemplo, **el dios patrono de los espartanos era Apolo,** el dios del sol.

175. La Edad de Oro de Atenas fue testigo del auge de la literatura, con autores famosos como **Esquilo** escribiendo obras sobre acontecimientos mitológicos, por ejemplo Prometeo Encadenado, e historiadores como **Heródoto** documentando las guerras entre las diferentes ciudades-estado griegas.

176. Las obras de teatro atenienses eran famosas. Dramaturgos como **Sófocles** escribieron tragedias sobre dioses, héroes y acontecimientos mitológicos.

177. El filósofo Sócrates era una figura muy conocida de la época. Enseñó a sus alumnos a cuestionarlo todo para descubrir la verdad sobre la vida y la sociedad.

178. Sócrates fue finalmente obligado a suicidarse por fuerzas políticas que lo consideraban una amenaza.

179. Durante la Edad de Oro de Atenas, las mujeres no tenían derechos, pero los hombres podían votar las leyes si poseían tierras o eran ciudadanos mayores de dieciocho años.

180. La influencia ateniense se dejó sentir en todo el mundo griego. Esto incluía la propia Grecia, las colonias griegas y las culturas cercanas, como las de Italia.

Las guerras del Peloponeso
(460-404 a. C.)

Este capítulo explorará **la historia de las guerras del Peloponeso,** un conflicto entre **Atenas y Esparta** que marcó un punto de inflexión en la antigua civilización griega. **La primera guerra del Peloponeso comenzó en el 460 a. C. y terminó en el 445 a. C. La segunda guerra del Peloponeso comenzó en el 431 a. C. y terminó en el 404 a. C.** Veremos treinta datos interesantes sobre sus alianzas, batallas y cómo cambiaron la vida de los habitantes de la antigua Grecia.

181. **La guerra del Peloponeso** fue un conflicto largo y muy importante en la antigua Grecia. Durante esta época, había tres potencias principales en Grecia: **Atenas, Esparta y Corinto.**

182. **El istmo del Peloponeso debe su nombre a un antiguo héroe griego llamado Pélope. El nombre significa «isla de Pélope»,** aunque está unida a la Grecia continental por una franja de tierra.

183. **La primera guerra del Peloponeso comenzó en el 460 a. C.** cuando los desacuerdos entre Esparta y Atenas sobre alianzas, fronteras defensivas y diferencias culturales desembocaron en un conflicto abierto.

184. La rivalidad entre **Atenas** y **Esparta** se había prolongado durante siglos antes de que comenzaran **las guerras del Peloponeso.** Muchos atenienses creían que los espartanos estaban celosos de sus riquezas e influencia. Muchos espartanos creían que Atenas y sus ideas eran una amenaza para el modo de vida militarista espartano.

185. **Los espartanos eran la ciudad-estado más fuerte de la Liga del Peloponeso,** una alianza de ciudades-estado del sur de Grecia.

186. **Atenas era la más poderosa de la Liga Délica,** una alianza que incluía gran parte de Grecia oriental, las islas del mar Egeo y las ciudades griegas de Asia Menor.

187. Otras **ciudades importantes implicadas en este conflicto fueron Megara, Argos, Tebas y Elis,** que se pusieron del lado de Atenas o de Esparta en distintos momentos de la guerra.

188. El aliado más poderoso de Atenas fue Siracusa (en Sicilia), mientras que Esparta recibió ayuda de aliados como Persia y Beocia (una zona al noroeste del Ática).

189. Muchas de las ciudades-estado griegas que entraron en guerra con Atenas y sus **aliados estaban celosas del poder e influencia atenienses** y lo querían para sí.

190. Ambos bandos contaban con mercenarios. Algunos famosos fueron los atenienses **Jenofonte** y **Tucídides**, el espartano **Brasidas** y el persa **Memnón** de Rodas.

191. La guerra del Peloponeso no se libró como las guerras actuales. A veces había largos periodos con muy pocas batallas o ninguna, pero de vez en cuando se producían grandes batallas.

192. Como Grecia es un país montañoso rodeado por el mar, **muchas de las batallas más importantes tuvieron lugar en el agua.** Una batalla importante fue la de Notio en el 406 a. C.

193. Aunque **Esparta ganó importantes batallas en el mar,** los atenienses dominaron a los espartanos en el agua durante la mayor parte de la guerra.

194. Sin embargo, las batallas más cruciales tuvieron lugar en tierra, donde **los espartanos, gracias a su disciplina y táctica, tenían ventaja,** como en la batalla de Mantinea.

195. Durante este tiempo, se produjeron varios asedios importantes, como el de **Melos,** que fue ganado por los atenienses, y el largo asedio de Atenas, que finalmente puso fin a la guerra.

196. Durante esta época, **una plaga mató a mucha gente en Atenas y Esparta, incluido Pericles** (495-429 a. C.), que dirigió a los atenienses durante gran parte de la primera guerra del Peloponeso.

197. Al final, los espartanos acabaron venciendo, gracias a su superioridad táctica y a la ayuda de poderosos aliados como su antiguo enemigo persa y los griegos de Siracusa.

198. **Persia se apoderó del territorio griego** en Asia Menor como resultado de su acuerdo con Esparta.

199. **Lisandro** (454-395 a. C.) fue el rey que llevó a Esparta a la victoria.

200. **Las ciudades-estado de Tebas y Corinto deseaban la destrucción de Atenas** y la esclavitud de sus habitantes, pero los espartanos se negaron.

201. **Aunque Esparta había derrotado a Atenas, respetaba a los atenienses,** especialmente su cultura y el papel que Atenas había desempeñado en la derrota de los persas años antes.

202. **Esparta se convirtió en una potencia importante en Grecia** durante muchos años después, hasta su derrota final en el 371 a. C. en la batalla de Leuctra.

203. **La guerra del Peloponeso marcó el principio del fin del poder ateniense,** aunque Atenas siguió siendo un centro cultural y de aprendizaje muy influyente.

204. **Alcibíades** fue un famoso general y político ateniense que dirigió Atenas durante gran parte de la última parte de la guerra. Una vez finalizada la guerra, fue asesinado mientras se encontraba exiliado en Asia Menor.

205. **Tras la guerra, Atenas fue gobernada por un grupo llamado los Treinta tiranos, creado por Esparta.** El grupo actuaba como una dictadura militar.

206. **En 404 a. C., el general ateniense Trasíbulo** y sus seguidores derrocaron a los Treinta tiranos y emprendieron una guerra contra Esparta que tuvo cierto éxito. Contaron con la ayuda de algunos antiguos aliados espartanos que estaban cansados del dominio espartano.

207. **La guerra del Peloponeso** tuvo un gran impacto en el arte y la literatura de la antigua Grecia. Durante la época de la República romana, los romanos estudiaron con gran interés las guerras del Peloponeso.

208. **El famoso historiador Tucídides** escribió sobre esta guerra en su libro *Historia de la guerra del Peloponeso*, que aún se estudia hoy en día.

209. Los estudiantes de historia militar y política siguen estudiando las guerras del Peloponeso.

210. El 12 de marzo de 1996, **los alcaldes de Atenas y Esparta firmaron entre sí un tratado de paz simbólico,** exactamente 2.500 años después del fin de la guerra.

El ascenso de Macedonia
(500 a. C.-336 a. C.)

El ascenso de Macedonia es un capítulo fascinante de **la historia de la antigua Grecia,** que vio cómo un pequeño reino se expandía y se convertía en una gran potencia del mundo mediterráneo. Durante este periodo, reyes como **Arquelao I** y **Filipo II** gobernaron Macedonia, ampliaron sus fronteras y construyeron un eficiente sistema administrativo. Exploremos treinta **datos interesantes sobre cómo Macedonia se convirtió en una gran potencia.**

211. **Macedonia era un antiguo reino** situado en la parte septentrional de Grecia y la península de los Balcanes.

212. Mientras gran parte del resto de Grecia estaba inmersa en guerras entre sí, **Macedonia se convirtió en una potencia en el norte,** que era remoto y montañoso, lo que facilitaba su defensa.

213. **Macedonia fue gobernada por una serie de reyes. El rey Arquelao I** (404-399 a. C.) llegó al poder matando a gran parte de su familia. Sin embargo, se le recuerda por las numerosas reformas que inició.

214. **La capital de Macedonia era Aigai** (actual Vergina), donde se han descubierto muchas tumbas reales. Estas tumbas contienen artefactos de la época, como joyas, armas, monedas y piezas de cerámica con imágenes relacionadas con dioses o héroes de la mitología griega. La tumba más famosa es la de **Filipo II, padre de Alejandro Magno.**

215. Bajo el **reinado de Filipo II** (r. 359-336 a. C.), Macedonia se convirtió en la primera potencia militar de Grecia gracias a su capacidad organizativa y a sus reformas militares.

216. También creó una **fuerza de combate de élite llamada los compañeros,** que servían como una especie de unidad de choque, cargando contra las formaciones enemigas y sembrando el miedo.

217. **Los macedonios también desarrollaron un tipo único de guerra** que explotaba el miedo de sus enemigos utilizando grandes cantidades de soldados en asaltos rápidos. Estos ataques se tradujeron en victorias aplastantes.

218. Los macedonios estaban equipados de forma muy similar a sus primos griegos del sur, pero utilizaban muchos tipos diferentes de unidades, como **infantería pesada, infantería ligera, arqueros y caballería.** Eran muy hábiles y lograban confundir y debilitar a sus enemigos.

219. La infantería pesada macedonia utilizaba una lanza larga llamada *sarissa*. Utilizada en formación de falange, la *sarissa* permitía mantener la distancia con los enemigos.

220. Los macedonios utilizaban el hierro en sus armaduras y en algunas armas más que los griegos.

221. En tumbas famosas y en representaciones contemporáneas de Alejandro, se ve a los macedonios llevando piezas de armadura de hierro.

222. Los macedonios también construyeron una armada, lo que les permitió establecer rutas comerciales en el mar Mediterráneo, reforzando así su poder económico.

223. Macedonia era conocida por su vino blanco de alta calidad producido en los viñedos del **monte Pangeón,** que se exportaba popularmente a otras regiones como Italia.

224. Macedonia tenía un sistema bien desarrollado para recaudar impuestos y acuñar monedas.

225. El rey Filipo II utilizó la diplomacia y el poder militar para lograr sus objetivos y estableció muchas alianzas con otros estados, como Atenas y Tebas.

226. Filipo II fundó la ciudad de Filipos, cerca de Tracia. Construyó templos dedicados a dioses como Apolo o Artemisa por todo su imperio.

227. Los macedonios también desarrollaron su propio alfabeto basado en las letras griegas que acabó extendiéndose por el Mediterráneo, parte de Europa y Oriente Próximo durante un breve periodo de tiempo.

228. La cultura griega floreció durante este periodo e influyó en Macedonia, junto con muchas otras regiones.

229. Las obras escritas por **Eurípides** y las esculturas creadas por **Lisipo** fueron especialmente populares.

230. En esta época se producen nuevos avances en la medicina de la mano de **Hipócrates** (padre de la medicina moderna). Los nuevos médicos hacen **el Juramento Hipocrático,** jurando «primero, no hacer daño».

231. Una de **las tumbas de Vergina** contenía los huesos de una mujer que se cree que era una guerrera. Algunos historiadores creen que podría haber sido una de **las Amazonas, las** famosas guerreras que aparecen en muchas leyendas.

232. **Los macedonios practicaban la poligamia** y se sabe que Filipo tuvo siete esposas. **La madre de Alejandro Magno era Olimpia,** un nombre perfecto para la madre de un conquistador.

233. **Filipo II** sufrió una herida que le hizo perder un ojo.

234. En general, se dice que Filipo era un hombre feo, mientras que su hijo **Alejandro era excepcionalmente guapo.**

235. **Filipo II fue asesinado por su guardaespaldas Pausanias en 336 a. C.,** dejando atrás su plan inacabado de conquistar Persia.

236. Su hijo, **Alejandro III** (más conocido como **Alejandro Magno**), subió al trono tras la muerte de Filipo.

237. **Alejandro es considerado un genio militar.** Fue uno de los comandantes militares más exitosos de la historia. **Sus tácticas, como los ataques por los flancos o el uso de la caballería para los asaltos por sorpresa, siguen siendo estudiadas por los generales de hoy en día.**

238. **Al final de la vida de Filipo, la mayor parte de Grecia estaba controlada por Macedonia.**

239. La expansión **del reino macedonio** se debió en parte a su eficiente administración y a su fuerte economía, pero la personalidad de **Alejandro** lo hizo triunfar.

240. **El Imperio macedonio** fue el mayor imperio terrestre de la masa continental euroasiática al oeste de China.

Las conquistas de Alejandro Magno
(359-323 a. C.)

En este capítulo analizaremos **la vida, las conquistas y el legado de Alejandro Magno**. Veremos treinta datos interesantes sobre **sus estrategias militares, relaciones y viajes por Europa, Asia Menor y la India**. Descubriremos por qué este ambicioso gobernante fue uno de los conquistadores más impresionantes de la historia.

241. **El padre de Alejandro era el rey Filipo II de Macedonia** y su madre Olimpia, una princesa de la región griega de Epiro.

242. **Alejandro heredó un ejército preparado para la batalla cuando se convirtió en rey en el año 336 a. C. con sólo veinte años de edad.**

243. Según cuentan, **Alejandro era extremadamente inteligente,** increíblemente carismático y atractivo.

244. **Alejandro era increíblemente valiente.** A menudo luchaba en primera línea con sus soldados durante las batallas.

245. **En el año 334 a. C. cruzó Asia Menor y comenzó a conquistar tierras,** derrotando por el camino a ejércitos más de dos veces mayores que el suyo.

246. **Se le atribuye el mérito de ser uno de los primeros en utilizar la guerra psicológica en la batalla,** empleando métodos como agrupar tropas o poner música a todo volumen para asustar a los adversarios.

247. **Tras ocho años de batallas y viajes, se apoderó de tierras en Egipto, Persia y las fronteras de la región india del Punjab.** Casi ninguna tierra por la que viajó quedó sin ser conquistada por él.

248. **Antes de que Alejandro conquistara Egipto, estaba controlado por los persas.** Cuando Alejandro atravesó Oriente Próximo hasta llegar a Egipto en el 332 a. C., muchos ejércitos persas huyeron, temiendo quedar aislados de su patria. Los egipcios acogieron a Alejandro como un libertador porque el dominio persa era muy duro.

249. Tras conquistar Persia, **Alejandro se declaró «Rey de Reyes»,** como hacían los emperadores persas. También empezó a vestir ropas persas y adoptó algunas costumbres persas.

250. **Alejandro solía llevar a la batalla la cabeza y la piel de un león.** Se creía que él mismo había matado al león.

251. **En la India, Alejandro luchó contra Poro,** uno de los gobernantes indios más poderosos de la época, en **la batalla del Hidaspes.** Poro desafió a Alejandro con elefantes en la batalla, ¡pero Alejandro salió victorioso a pesar de que le superaban en número por miles!

252. En sus quince años de carrera militar, que comenzó cuando aún era un adolescente y un príncipe, **Alejandro nunca perdió una batalla.**

253. Aunque Alejandro tuvo mucho éxito en las batallas, se dice que cuando **entró en Babilonia en el 331 a. C.,** empezó a mostrar signos de inestabilidad mental.

254. **Su ejército conquistó muchas ciudades antiguas,** como Babilonia, que era mucho más antigua que las ciudades-estado griegas.

255. **Alejandro también fundó muchas ciudades** y les dio su nombre, como Alejandría en Egipto.

256. Su amado caballo **Bucéfalo** se hizo famoso e incluso se bautizaron ciudades con su nombre en Europa y Asia Menor.

257. **Bucéfalo y Alejandro** se convirtieron en los temas de muchas pinturas durante los siglos XVIII y XIX.

258. **El famoso escritor griego Plutarco** (46-119 d. C.) escribió una biografía de Alejandro en la que dice: «Cuando Alejandro vio la amplitud de sus dominios, lloró porque ya no quedaban mundos por conquistar». Aunque probablemente no sea cierta, es la cita más conocida sobre Alejandro.

259. **Alejandro fue el primer gobernante europeo que formó un ejército de soldados procedentes de todo el Mediterráneo oriental, en** lugar de un ejército de hombres de una sola región o cultura.

260. **Su ejército estaba formado principalmente por macedonios, pero también incluía griegos, persas e indios,** creando así una fuerza multicultural. Ninguna otra fuerza euroasiática de la época era como la suya.

261. Como había tantos hombres de toda Grecia y de otros países que hablaban dialectos y lenguas diferentes, **se desarrolló una nueva lengua llamada «griego *koiné* ("común")»**. Esta lengua ayudó a la gente a comunicarse más fácilmente.

262. **Las conquistas de Alejandro extendieron la cultura helenística (griega) por gran parte de Oriente Próximo, Asia Menor y el norte de África.** Todavía hoy se puede ver esa influencia en la arquitectura y la lengua.

263. **Se casó con dos princesas persas: Roxana y Stateira II.** Roxana hizo asesinar a Stateira arrojándola a un pozo.

264. **Alejandro murió a la temprana edad de treinta y dos años, en el 323 a. C.,** tras una corta enfermedad. Los historiadores siguen debatiendo la causa real de su muerte.

265. Aunque se escribió mucho sobre **la tumba** y el funeral **de Alejandro, nadie sabe con certeza dónde fue enterrado.** Los arqueólogos que encuentren su tumba serán mundialmente famosos.

266. **El legado de Alejandro permanece aún hoy en día.** Hay muchos lugares que llevan su nombre, como Alejandría, en Egipto, o Alejandría Boukephala, en la India (también llamada así por su amado caballo).

267. Alejandro sigue siendo considerado un modelo a seguir en asuntos militares. **Incluso Napoleón Bonaparte lo idolatraba.**

268. **Tras la muerte de Alejandro Magno, Antígono I Monoftalmos tomó el control de Macedonia,** pero fue derrotado por una coalición liderada por **Ptolomeo** (uno de los antiguos generales de Alejandro). Poco después, el Imperio macedonio se disolvió.

269. **En 1991, Yugoslavia se separó.** Una parte se conocía como Macedonia, pero cuando sus habitantes declararon que su nombre era **República de Macedonia, los griegos se enfadaron,** creyéndose herederos del nombre Macedonia y del legado de Alejandro Magno.

270. En 2019, llegaron a un acuerdo. **Ahora existe Macedonia del Norte** y la provincia de Macedonia, en Grecia.

Las Guerras Diádocas
(322 a. C.-275 a. C.)

Este capítulo explora **la notable historia de las Guerras Diádocas**. Tiene treinta datos interesantes sobre las batallas, los líderes, las estrategias y las consecuencias de estas guerras. Descubra **cómo los generales de Alejandro Magno lucharon por el control** de su vasto reino tras su muerte, en el 323 a. C.

271. **Diádoca significa algo así como gobernante regional o señor de la guerra.**

272. **Las Guerras Diádocas** fueron una serie de guerras libradas por **los generales de Alejandro Magno** entre 322 a. C. y 275 a. C.

273. **Alejandro murió sin dejar heredero al trono,** lo que llevó a algunos generales a luchar por el control de su vasto imperio y sus diferentes regiones.

274. Aunque Alejandro Magno no tenía heredero cuando murió en 323, **su hijo con Roxana nació ese mismo año. Sin embargo, Alejandro IV y su madre fueron envenenados y asesinados por Casandro.** Alejandro IV tenía unos catorce años cuando murió.

275. **El general Ptolomeo** fue uno de estos líderes influyentes. Quería **controlar Egipto tras la muerte de Alejandro.** Finalmente se convirtió en el faraón egipcio, tomando el nombre de Ptolomeo I Soter. **Soter significa salvador.**

276. Antípatro era otro líder a quien Alejandro había dado el poder mientras estaba en campaña. **Tras la muerte de Alejandro, el hijo de Antípatro, Casandro, se convirtió en el gobernante de Macedonia y de gran parte de Grecia.**

277. Con el tiempo, otros generales, como **Seleuco I Nicator** (que controlaba Siria), Lisímaco (Tracia) y **Demetrio I Soter** (Macedonia y Grecia central), empezaron a luchar entre sí por el poder.

278. Uno de los generales **de Filipo II y Alejandro se llamaba Antígono.** Tenía un solo ojo. Era un gran general, pero por desgracia para él, quería gobernar todo el imperio de Alejandro. **Los otros diádocos unieron sus fuerzas contra él.**

279. Las Guerras Diádocas se libraron de varias maneras. Hubo batallas, asedios, intrigas políticas y alianzas cambiantes entre generales para hacerse con el poder sobre el territorio de los demás.

280. Una de **las batallas más famosas fue la de Ipsus en 301 a. C.** Antígono I Monoftalmos, que gobernaba gran parte de Siria, fue derrotado por una alianza liderada por Seleuco I Nicátor y Lisímaco.

281. Aunque las cifras son discutidas, al menos **veinte mil hombres,** quizá muchos más, **lucharon en esta batalla.** En la batalla también se utilizaron carros con grandes cuchillos en sus ruedas, llamados guadañas, para derribar al enemigo.

282. En 301 a. C., Demetrio I Sóter cedió el control de Grecia y Macedonia a Casandro, poniendo fin a años de guerra.

283. En 281 a. C., **Ptolomeo II** Filadelfo se hizo con el control de gran parte de la costa oriental del Mediterráneo, Egipto y parte de la actual Libia.

284. La batalla de Corupedio fue la última batalla entre los diádocos.

285. En el 275 a. C. se había alcanzado la paz entre los miembros del antiguo imperio de Alejandro, gobernando cada general su propia región.

286. Los **ptolomeos** gobernaban Egipto, los **seléucidas** Siria, Macedonia y Grecia estaban gobernadas por la dinastía de **Antípatro,** y Tracia y Asia Menor por **Lisímaco.**

287. La dinastía de los ptolomeos en Egipto hablaba griego, incluida la famosa Cleopatra, la última de los gobernantes ptolemaicos de Egipto. **Cleopatra** fue la primera gobernante ptolemaica que aprendió egipcio.

288. Seleuco quería gobernar Oriente Próximo y Europa. Aunque fue asesinado antes de completar su tarea, comenzó un nuevo imperio en Oriente Medio llamado **Imperio Seléucida,** que duró desde el 312 hasta el 63 a. C.

289. **Tras la muerte de Alejandro Magno** y hasta la conquista romana de Egipto, el Mediterráneo oriental, Egipto y partes de Oriente Próximo estuvieron dominados por la cultura griega. Esta época se conoce como el periodo helenístico. Los griegos se refieren a sí mismos como **helenos** y a su país como Hellas.

290. Del periodo helenístico surgieron nuevas ideas, como **la filosofía estoica,** que más tarde influiría en pensadores romanos como **Séneca y el emperador Marco Aurelio.**

291. Algunas formas de arte, como **la escultura greco-budista,** surgieron gracias a los intercambios culturales entre los griegos y los pueblos del norte de la India, que en aquella época eran mayoritariamente budistas.

292. Una de las Siete Maravillas del Mundo Antiguo, **el Faro de Alejandría,** se construyó durante este periodo.

293. **Ptolomeo I Sóter** y su hijo, **Ptolomeo II Filadelfo,** proyectaron y construyeron la famosa Biblioteca de Alejandría, donde se recogió gran parte del saber del mundo antiguo. Desgraciadamente, la biblioteca fue destruida en un incendio que se inició cuando **Julio César** atacó Egipto en el año 48 a. C. Posteriormente se reconstruyó, pero fue destruida de nuevo más tarde.

294. **En las Guerras Diádocas** también se introdujo un sistema monetario más desarrollado. Monedas como dracmas, tetradracmas y estatuas se utilizaron en el comercio entre diferentes regiones y ciudades, lo que facilitó el crecimiento económico durante este periodo.

295. **Estas guerras también modificaron la propia guerra.** Por ejemplo, las falanges macedonias se hicieron menos comunes debido a su ineficacia contra las fuerzas de caballería. Los ejércitos más móviles tuvieron más éxito que las formaciones más lentas.

296. Uno de los resultados más importantes de estas guerras fue que dieron lugar a un nuevo sistema político, conocido como **monarquía helenística,** que proporcionaba a los reyes un poder absoluto sobre sus reinos con algunas limitaciones.

297. **La democracia griega murió durante la época de Alejandro,** y Grecia no volvería a ser democrática hasta pasados más de 1.500 años.

298. **Las Guerras de los Diádocos** demuestran que cuando muere un gran y carismático gobernante como Alejandro, su imperio o gobierno suele dividirse en facciones. Esto volvió a suceder tras la muerte de Julio César en Roma.

299. **Las Guerras Diádocas** se recuerdan por su impacto duradero en la historia y la cultura, ya que marcaron un cambio esencial del gobierno griego de ciudades-estado a naciones-estado e imperios más grandes en toda Europa, Asia Menor y el norte de África.

300. **El declive de Grecia y de los diádocos** comenzó cuando los romanos desde el oeste y los persas desde el este empezaron a invadir las zonas controladas por los gobernantes griegos.

El auge de los reinos helenísticos
(275-146 a. C.)

En este capítulo se analiza la historia y la cultura de **los reinos helenísticos** que se desarrollaron tras la muerte de **Alejandro Magno en el año 323 a. C.** Se analizan treinta hechos interesantes sobre el arte la, **filosofía** y la transmisión de **la cultura helenística.**

301. **Los reinos helenísticos** se desarrollaron tras la muerte de Alejandro Magno en el año 323 a. C.

302. Incluían el **Egipto ptolemaico, la Siria seléucida, la Macedonia antigónida y Pérgamo en Asia Menor** (actual Turquía).

303. **Estas cuatro grandes potencias controlaron gran parte de lo que hoy es Grecia,** Anatolia y Oriente Próximo durante un periodo conocido como civilización **helénica,** entre el 300 y el 150 a. C. aproximadamente.

304. La palabra «**helenístico**» proviene del griego *Hellazein*, que significa «hablar griego o identificarse con los griegos».

305. En su apogeo, **los generales de Alejandro** o sus familias controlaban veintidós reinos distintos, desde Grecia hasta las fronteras de la India.

306. **Estas cuatro importantes potencias lucharon entre sí, pero** en ocasiones también formaron alianzas.

307. La alianza más **notable fue entre el Egipto ptolemaico y la Siria seléucida,** ¡que duró casi un siglo!

308. Hacia el 275 a. C., estos **cuatro reinos dividieron muchos territorios** que antes pertenecían al imperio de Alejandro, como Tracia, Cilicia y Chipre, en varios estados nuevos. Los gobernantes hablaban griego, pero tenían costumbres diferentes a las de la Grecia continental.

309. En algunos de **los territorios conquistados por Alejandro** en la costa del actual Líbano y el norte de Israel, las repúblicas sustituyeron a los reyes como método de gobierno.

310. En este periodo se pasó de **una sociedad agraria a una más centrada en el comercio.**

311. La mejora de las rutas de transporte, como las vías marítimas que unían Oriente Próximo y Egipto con Grecia continental, propició un mayor contacto entre las culturas **del Mediterráneo.**

312. **Los reinos helenísticos** también experimentaron una afluencia de inmigrantes de otras partes del mundo, como la India y Persia. Se creó así una sociedad de crisol de razas. Estas tierras se volvieron muy diferentes de lo que había existido antes del reinado de Alejandro.

313. Este periodo fue también un punto de inflexión importante para el pensamiento religioso en relación con el judaísmo. **Muchos judíos empezaron a vivir fuera de Judea tras las conquistas de Alejandro,** lo que condujo a reformas en la cultura judía.

314. **Esta época también marcó un cambio importante de las prácticas religiosas tradicionales hacia el sincretismo,** mezclando diferentes creencias en un sistema unificado. El mejor ejemplo de ello es cómo los griegos y los egipcios adoptaron ciertos dioses de sus respectivos panteones.

315. Durante esta época, **la lengua y la cultura griegas** se extendieron a lugares como Egipto, Siria y Anatolia.

316. **Aunque los romanos hablaban latín,** gran parte de su cultura, sobre todo al principio de la historia de Roma, estaba muy **influenciada por Grecia.**

317. En la época de la muerte de Alejandro, **los romanos se estaban haciendo con el control de gran parte de Italia.**

318. **Los reinos helenísticos** fueron responsables de muchos avances científicos, como **los elementos de Euclides,** que sentaron bases matemáticas que aún hoy utilizamos, o los estudios **de Arquímedes** sobre la hidrostática.

319. En esta época también se produjeron grandes obras literarias. **Las comedias y los poemas** eran muy populares en **los reinos helenísticos.**

320. **Los poemas épicos de Homero** siguieron siendo populares entre los lectores de los reinos helenísticos y fuera de ellos.

321. Epicuro (341-270 a. C.) fue un **filósofo griego del periodo helenístico.** Aunque sus ideas son complejas, en esencia creía que la gente debía eliminar las preocupaciones y la ansiedad para disfrutar de la vida. Hoy en día, el término «epicúreo» suele referirse a alguien a quien le gusta y sabe mucho sobre comida, ¡uno de los grandes placeres de la vida!

322. Diógenes de Sínope (323 a. C.) fue uno de los grandes filósofos de la historia. Se basó en la obra de **Platón y Sócrates** y enseñó a sus alumnos a desconfiar de lo que veían y oían hasta que fuera demostrado. Esto forma parte de la escuela de pensamiento filosófico llamada «**Cinismo**».

323. Durante esta época, los sucesores de **Alejandro fundaron ciudades como Alejandría, en Egipto, y Antioquía, en Siria.** Estas ciudades se convirtieron en centros de aprendizaje de matemáticas, filosofía y literatura, con figuras famosas como Euclides, Arquímedes y otros que enseñaban allí.

324. Los reinos helenísticos fueron responsables de muchos avances en arquitectura y de la construcción de importantes monumentos, como el **Coloso de Rodas,** o intrincados templos dedicados a sus dioses.

325. Durante este periodo, artistas como Lisipo, que realizó esculturas de mármol, y **Sosos,** que creó hermosos mosaicos con escenas de la mitología griega, produjeron grandes obras de arte.

326. El arte de esta época era mucho más realista que los estilos griegos anteriores, ya que representaba a las personas tal y como eran, en lugar de símbolos o figuras idealizadas.

327. Una de las esculturas más famosas de este periodo y de todos los tiempos es **la Victoria Alada de Samotracia,** que se exhibe en el Museo del Louvre de París. Esta escultura fue encontrada en Turquía en las ruinas de un templo.

328. La cerámica se ornamentó aún más durante el periodo helenístico. Era más florida y geométrica.

329. El periodo helenístico es la última gran época de la antigua Grecia. En el año 146 a. C. Roma se había apoderado de Grecia.

330. Roma se apoderó del último reino helenístico (Egipto) en el año 31 a. C.

Mitología y religión de la antigua Grecia

Este capítulo se adentra en **el fascinante mundo de la mitología y la religión** de la antigua Grecia. Explora veinte datos interesantes sobre dioses, diosas, héroes y otras criaturas de la antigua Grecia.

331. **El dios más importante del panteón griego era Zeus.** Era el rey de los dioses y vivía en **el monte Olimpo** con su familia. También era el dios del trueno y el relámpago.

332. Sus hermanos eran **Poseidón** (dios del mar) y **Hades** (señor del inframundo).

333. Zeus estaba casado con su hermana, **Hera,** que era la diosa del parto y del matrimonio.

334. Hay doce dioses olímpicos principales: **Zeus, Hera, Poseidón, Hades, Deméter** (diosa de la agricultura), **Atenea** (diosa de la sabiduría), **Apolo** (dios del sol), Artemisa (diosa de la luna), **Hefesto** (dios de los herreros), **Ares** (dios de la guerra) **Afrodita** (diosa del amor) **Hermes** (el mensajero de los dioses) y **Hestia** (diosa del hogar y la casa).

335. Algunas listas incluyen a **Dioniso,** el dios del vino y el placer, en lugar de **Hestia.**

336. Los antiguos griegos creían que **los dioses y diosas afectaban sus vidas,** por lo que les rezaban o hacían ofrendas para obtener su favor.

337. **Los antiguos griegos creían** que sus dioses intervenían constantemente en los asuntos humanos, por lo que construían templos para honrarlos y comunicarse con ellos mediante ofrendas y sacrificios.

338. **El oráculo de Delfos** era una poderosa sacerdotisa que podía responder preguntas sobre el futuro y hacer profecías. Se creía que estaba **poseída por el espíritu de Apolo** cuando hablaba.

339. **Los Juegos Olímpicos** se originaron como parte de los festivales religiosos celebrados en honor a **Zeus en Olimpia,** Grecia, alrededor del año 776 a. C.

340. **La mitología griega** está llena de **historias** sobre criaturas mágicas como **centauros** (mitad hombre, mitad caballo), cíclopes (gigantes tuertos), gorgonas (mujeres con pelo de serpiente que podían convertir a una persona en piedra si la miraban a los ojos) y **sirenas** (hermosas mujeres con alas de pájaro que hipnotizaban a la gente con sus cantos).

341. **Pegaso** es un mítico caballo alado que se creó cuando Perseo decapitó a **Medusa,** cuyo pelo estaba hecho de serpientes vivas. De su cuello sin cabeza surgió Pegaso.

342. **El Minotauro** era una criatura con cuerpo de hombre y cabeza de toro. Vivía en un laberinto subterráneo en Creta, donde se enviaba a la gente como sacrificio. El héroe **Teseo** lo mató.

343. Otro mito interesante es el de **Pandora.** Se cree que fue la primera mujer creada por los dioses. Cuando abrió una caja que le habían prohibido, se desataron todos los males de la humanidad. Sin embargo, pudo cerrar la caja a tiempo para salvar la esperanza.

344. En algunas versiones de los **mitos griegos,** hay tres Parcas llamadas **Clotho** (que hila), Lachesis (que mide la vida) y **Atropos** (que corta el hilo, causando la muerte de las personas). **Las Parcas** determinan cuánto tiempo vive la gente y qué ocurre durante su vida. Ni siquiera los dioses pueden escapar a sus decisiones.

345. **Los antiguos griegos creían que Atenea** nació completamente crecida y con armadura. **Zeus la dio a luz** desde su cabeza.

346. Además de ser el dios de los mares, **Poseidón** también era el dios de los caballos y de los manantiales de agua dulce, por lo que era sumamente importante en la vida de los antiguos griegos.

347. **La guerra de Troya** comenzó después de que **Paris de Troya** raptara a Helena, la esposa de **Menelao,** rey de Esparta. Esto desencadenó una batalla de diez años entre **griegos y troyanos.** Los historiadores aún debaten si esta guerra tuvo lugar, pero la mayoría cree que así fue.

348. En la mitología, uno de los mayores héroes griegos fue **Aquiles.** Se hizo invencible cuando su madre lo sumergió en aguas mágicas. Sin embargo, tuvo que sujetarle el tobillo y el talón, lo que le hizo vulnerable. **Aquiles murió en la guerra de Troya** cuando alguien le golpeó el «tendón de Aquiles», en la parte posterior del pie, con una flecha.

349. **Heracles,** más conocido por su nombre en latín, **Hércules,** fue conocido por completar doce tareas heroicas encomendadas por el rey **Euristeo,** entre ellas matar a monstruos como la **Hidra,** el león de **Nemea** y **Cerbero.** Cerbero era el perro guardián del inframundo y tenía tres cabezas.

350. **Los antiguos griegos creían en muchos inframundos diferentes,** como el **Elíseo** para los héroes, el **Tártaro** para los criminales, **los Prados de Asfódelos** para los que no habían hecho nada malo o particularmente grande durante su vida, y el **Hades,** que albergaba tanto a las almas buenas como a las malas en función de cómo se habían comportado en vida.

Los antiguos Juegos Olímpicos

En este capítulo se explora **la increíble historia de los Juegos Olímpicos,** que se remontan al año **776 a. C.** Hay veinte datos interesantes sobre las tradiciones y los deportes de esta famosa ceremonia de juegos. Además, se descubre por qué esta antigua tradición fue finalmente clausurada y cuánto tiempo pasó hasta que los juegos volvieron a ponerse en marcha.

351. **Los antiguos Juegos Olímpicos comenzaron en el año 776 a. C.** y se celebraban cada cuatro años en Olimpia, Grecia.

352. **Solo los hombres podían competir en los juegos.** Tenían que ser ciudadanos libres de una ciudad-estado o colonia griega.

353. **A las mujeres no se les permitía presenciar los Juegos Olímpicos antiguos,** pero se celebraba un festival separado llamado juegos hereos en Olimpia cada cuatro años, comenzando en algún momento del siglo VI a. C.

354. **Durante los Juegos Olímpicos cesaban** todas las guerras para permitir que los atletas de toda Grecia participaran sin miedo a ser atacados por otros ejércitos.

355. **Personas de toda Grecia acudían a ver los Juegos Olímpicos y a celebrarlos en Olimpia.** Incluso los esclavos podían ir, siempre que sus amos estuvieran de acuerdo.

356. **Las carreras de cuadrigas, el pentatlón, la lucha, el boxeo y el lanzamiento de jabalina y disco eran algunos de los deportes más populares de los Juegos Olímpicos antiguos.** Sin embargo, cuando se iniciaron los juegos, consistían únicamente en carreras pedestres.

357. **Los atletas debían jurar** que seguirían todas las reglas y respetarían a sus oponentes durante la competición.

358. **Los antiguos Juegos Olímpicos se celebraban en honor del dios griego Zeus. Los** atletas le rezaban antes de competir.

359. **Los atletas no llevaban ropa cuando competían.** Se engrasaban y se cubrían el cuerpo con arena para protegerse de las quemaduras solares.

360. **Los boxeadores se ponían correas de cuero en las manos** en lugar de guantes, como hoy en día.

361. **El *pankration* era un deporte de combate que combinaba la lucha libre y el boxeo.** Aunque no era el objetivo, a veces los hombres morían mientras luchaban.

362. En los descansos, **los artistas entretenían al público con canciones** sobre dioses griegos o héroes de leyendas antiguas.

363. **En las Olimpiadas antiguas no se permitía hacer trampa.** Si alguien era sorprendido haciendo trampa o intentando sobornar a un juez, el castigo era muy severo. Podía ser desterrado de la ciudad-estado o recibir la pena de muerte. Las Olimpiadas eran divertidas y también muy religiosas.

364. **Durante las competiciones, los jueces utilizaban cañas especiales hechas de madera de olivo como marcadores.** Las partían en dos si un atleta rompía alguna regla o hacía algo injusto durante la competición.

365. **Los vencedores de cada prueba recibían una rama de hojas de olivo silvestre,** símbolo de la victoria en aquella época.

366. **Los ganadores también recibían recompensas como dinero, tierras, fama** e incluso estatuas construidas en su honor por griegos ricos que apoyaban los eventos atléticos.

367. **Los nombres de los vencedores se inscribían en monumentos de piedra frente al templo de Zeus en Olimpia.** Estas losas de piedra siguen existiendo hoy en día.

368. **En 393 d. C., el emperador romano Teodosio I, cristiano, prohibió todas las fiestas paganas, entre las que se incluían las Olimpiadas.** Teodosio puso fin a casi doce siglos de Juegos Olímpicos.

369. **En 1894, Pierre de Coubertin resucitó los Juegos Olímpicos modernos basándose en las antiguas tradiciones griegas** con la misión de promover la paz a través del deporte. Habían pasado casi 1.500 años desde los últimos Juegos Olímpicos.

370. **Hoy, cada cuatro años, atletas de todo el mundo se reúnen en los Juegos Olímpicos.** Se enfrentan entre sí en una competición amistosa, igual que sus antepasados hace miles de años.

Cultura y sociedad de la antigua Grecia

Explore la vibrante **cultura de la antigua Grecia**. En este capítulo se profundiza en veinte datos fascinantes sobre la sociedad y la cultura griegas. También se **descubre su amor por el conocimiento, la filosofía, el arte y la arquitectura** a través de las historias escondidas tras estructuras icónicas como el **Templo de Zeus** y **el Partenón de Atenas**. Descubra por qué la cultura griega era única.

371. **La sociedad griega antigua se dividía** en cuatro clases sociales principales: **esclavos, no ciudadanos, mujeres y ciudadanos.**

372. **Los sistemas de gobierno de la antigua Grecia incluían la democracia,** en la que los ciudadanos podían participar directamente en las decisiones mediante el voto; **y la oligarquía,** en la que unas pocas personas gobernaban con poder absoluto sobre todos los demás. Estos dos sistemas tienen sus principales símbolos en **Atenas,** que tenía una **democracia,** y **Esparta,** que tenía una **oligarquía.**

373. **Los atenienses creían que todos los ciudadanos tenían los mismos derechos,** independientemente de su clase social o riqueza. Este concepto se denomina hoy «igualdad ante la Ley».

374. **Los antiguos griegos creían en muchos dioses** a los que rendían culto mediante festivales. **La Panatenea** era un festival religioso ateniense que se celebraba cada cuatro años.

375. **Las historias de los dioses ayudaban a los griegos a dar sentido a su mundo.** Nosotros las llamamos mitos, pero para ellos eran verdad.

376. **Los griegos desarrollaron su alfabeto a partir de los fenicios.** La palabra inglesa «*alphabet*» viene de las dos primeras letras del alfabeto griego, «*alpha*» y «*beta*».

377. **El teatro era muy popular en la antigua Grecia.** Se utilizaba como forma de entretenimiento y como medio para educar a la gente sobre moral y política.

378. **Los antiguos griegos desarrollaron matemáticas y filosofías avanzadas** para explicar el mundo que les rodeaba.

379. **Los antiguos atenienses creían que la educación conducía al éxito,** por lo que desarrollaron un sistema educativo en el que se enseñaba a los niños a leer, escribir, matemáticas y filosofía.

380. **Arquímedes** (287-212 a. C.) desarrolló el tornillo de agua, que podía mover el agua de un nivel inferior a otro superior, facilitando muchos trabajos.

381. La antigua Grecia dio a luz a muchos escritores y filósofos famosos, como **Homero, Sócrates, Aristóteles y Platón.**

382. **El filósofo griego Platón escribió sobre ideas como la justicia, la belleza y la verdad.** Las enseñanzas de Platón se siguen impartiendo hoy en día en muchos países.

383. **Los antiguos griegos crearon esculturas de mármol y bronce que representaban dioses, héroes y la vida cotidiana.** Estas obras de arte siguen siendo admiradas hoy en día.

384. **La pintura de jarrones era una importante forma de arte en la antigua Grecia.** Los jarrones representaban escenas de la vida cotidiana o de la mitología y a menudo utilizaban colores vivos como rojos, azules y amarillos.

385. Una de las Siete Maravillas del Mundo Antiguo es **el Coloso de Rodas,** una estatua gigante. Se dice que los pies del gigante estaban en lados opuestos de la entrada del puerto de Rodas. La estatua medía más de treinta metros de altura.

386. **Los antiguos griegos creían que la música tenía poderes curativos,** por lo que tocaban flautas y liras con este fin. Algunos incluso utilizaban estos instrumentos durante las batallas.

387. **La arquitectura de la antigua Grecia es conocida por sus grandes columnas y los templos construidos en honor a los dioses.**

388. **El Templo de Zeus,** uno de los más importantes de la antigua Grecia, puede verse en Atenas. No está lejos de la Acrópolis.

389. **El Partenón de Atenas era un edificio dedicado a la diosa Atenea.** Albergaba esculturas y pinturas que representaban a dioses y héroes de la mitología griega.

390. En el *Centennial Park* de Nashville (Tennessee) hay una réplica a tamaño natural del **Partenón,** con una **estatua de Atenea** en su interior. Historiadores y arqueólogos creen que la réplica es exacta.

Filosofía de la antigua Grecia

Este capítulo explora la fascinante **historia de la filosofía griega antigua**, una tradición que se remonta a **Tales**. Contiene veinte datos interesantes sobre las obras y creencias de algunos de los pensadores más influyentes de la historia, como **Platón, Aristóteles, Epicuro y Sócrates**. Descubra cómo estos filósofos cambiaron la comprensión del conocimiento y crearon ideas que siguen siendo relevantes hoy en día.

391. Muchos historiadores creen que la **antigua filosofía griega comenzó hace más de 2.500 años con el filósofo Tales.** Muchas ideas científicas y filosóficas modernas tienen sus raíces en el pensamiento griego antiguo.

392. Los primeros grandes filósofos fueron llamados presocráticos, porque fueron anteriores **al gran filósofo Sócrates (469-399 a. C.).**

393. **Sócrates desarrolló el método socrático para animar a la gente a pensar** por sí misma y a hacerse preguntas en lugar de aceptar las cosas solo porque se les habían enseñado.

394. **Sócrates fue obligado a suicidarse** por unos hombres que estaban derrocando la democracia ateniense. Querían que dejara de hacer preguntas y de enseñar a los jóvenes a hacer lo mismo.

395. **Platón fue alumno de Sócrates y creó su escuela de filosofía, la Academia, en Atenas.** La Academia existió del 387 al 86 a. C., cuando fue destruida por los romanos.

396. **El libro más famoso de Platón se titula La República.** En él, argumenta que ciertas personas son las más adecuadas para ciertos trabajos. **La República representaba un ideal,** pero hoy en día es muy criticada por situar a algunos tipos de personas por encima de otros.

397. Aristóteles, otro filósofo famoso, fue alumno de la Academia de Platón. Aristóteles hizo varias contribuciones importantes en campos como la biología, la ética y la política.

398. Más tarde, **Aristóteles fundó su propia escuela, el Liceo.** La palabra francesa *lycée*, que significa alumnos en edad escolar, procede directamente de la antigua Grecia.

399. Aristóteles escribió varias obras importantes, como **La Metafísica,** que trata de la naturaleza de la realidad; **La Ética a Nicómaco,** sobre el comportamiento ético; y **La Política, sobre** el mejor funcionamiento de las sociedades.

400. Heráclito fue uno de los primeros filósofos griegos. Sostenía que **todo está conectado** y que **todo cambia constantemente.** Creía que la gente debía intentar vivir teniendo en cuenta esta idea.

401. Parménides creía que **la realidad tenía dos caras:** las cosas como son en realidad y como una persona cree que son.

402. Zenón de Elea desarrolló **paradojas** que desafiaban el entendimiento presentando ideas ilógicas o imposibles que seguían siendo ciertas.

403. Epicuro fue uno de los pensadores más influyentes sobre el **hedonismo** (la búsqueda del placer como forma de vivir una vida feliz). Hoy en día, a alguien que disfruta de la buena comida y el buen vino se le llama epicúreo.

404. Los cínicos rechazaban las posesiones materiales y cualquier estatus o poder, pues creían que la verdadera felicidad provenía de vivir con sencillez.

405. El **estoicismo** era otro sistema de creencias de la antigua Grecia y, más tarde, de Roma. Los estoicos creían que el equilibrio en todas las cosas conducía a una mente y un espíritu sanos.

406. **Los sofistas** eran maestros que enseñaban a sus alumnos retórica **(el arte de la persuasión)** y lógica. La educación filosófica se consideraba muy importante para los atenienses y algunos otros griegos, especialmente entre las élites.

407. **Protágoras** fue uno de los sofistas más famosos. Escribió: **«El hombre es la medida de todas las cosas»,** lo que significa que cada uno tiene su propia verdad.

408. **Demócrito** desarrolló la **teoría atómica** primitiva. Los atomistas creían que todo estaba formado por pequeñas partículas indivisibles llamadas átomos.

409. **Pitágoras** desarrolló una **teoría matemática sobre el sistema solar,** afirmando que los planetas se movían según principios matemáticos, lo cual es cierto. Pensó que, puesto que las matemáticas eran la raíz de la música, los planetas debían crear un tipo de música propia.

410. **Las familias más ricas y poderosas del Imperio Romano contrataban a menudo tutores griegos para sus hijos.** Los romanos consideraban a los griegos el pueblo más culto del mundo conocido, incluso mucho después de que la gloria de Grecia quedara en el pasado.

Matemáticas de la antigua Grecia

Este capítulo explora **la fascinante historia de las matemáticas en la antigua Grecia** y revela veinte datos interesantes sobre descubrimientos y teorías matemáticas. Además, analiza a algunos de los matemáticos más influyentes, como Tales, **Euclides** y **Pitágoras,** que sentaron **las bases de la geometría** que seguimos utilizando hoy en día.

411. **Los antiguos griegos fueron los primeros en crear un sistema escrito organizado de matemáticas.**

412. **Los babilonios transmitieron conocimientos de astronomía y métodos matemáticos a los antiguos griegos,** que se basaron en ellos y lograron una comprensión más avanzada de conceptos como los calendarios y los sistemas de cronometraje.

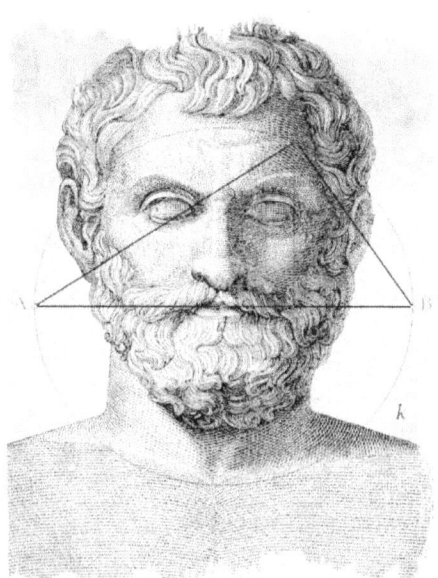

413. **El famoso matemático Tales** vivió alrededor del año 600 a. C. Utilizó un primer teorema geométrico llamado teorema de Tales, que podría ser la primera regla matemática jamás descubierta.

414. Pitágoras fue otra figura influyente de la antigua Grecia que teorizó que los números podían explicarlo todo y creó lo que hoy llamamos el **teorema de Pitágoras ($A^2 + B^2 = C^2$).**

415. **Hipias de Elis** descubrió la **cuadratriz,** la forma en que ciertos tipos de curvas se dan en la naturaleza. Fue uno de los primeros descubrimientos en el campo de la física.

416. **Las paradojas de Zenón** desafiaron el pensamiento convencional sobre el espacio, el tiempo y el movimiento al plantear cuestiones como la paradoja de Aquiles: ¿Cómo puede Aquiles correr más rápido que la tortuga si en todo momento están separados? Esta paradoja se resolvió utilizando las matemáticas.

417. **El trabajo de Aristóteles sobre la lógica** sentó las bases del razonamiento matemático que aún se utiliza hoy en día. Escribió extensamente sobre cómo los argumentos lógicos acercan a la verdad o a la comprensión de cuestiones complejas más que confiar únicamente en el empirismo (conocimiento a través de la experiencia personal).

418. Euclides escribió Los Elementos, considerada una de las obras más influyentes de la historia de las matemáticas durante la Edad de Oro de Grecia, en el siglo III a. C.

419. La geometría euclidiana aún lleva ese nombre y ha sido estudiada durante generaciones. **Euclides es considerado el padre de la geometría.**

420. Arquímedes utilizó las matemáticas para construir máquinas con palancas y poleas para levantar objetos pesados sin utilizar la fuerza bruta o la fuerza muscular.

421. También inventó muchas otras máquinas, como un arma llamada **garra, que podía enganchar a los barcos enemigos** que se acercaban a la costa.

422. **Pappus escribió La Colección,** considerada una de las obras más importantes de la antigua Grecia. Incluye muchos temas matemáticos, como la geometría proyectiva y euclidiana.

423. **Pappus** también inventó lo que hoy llamamos el **triángulo de Pascal.**

424. **Arquímedes** desarrolló métodos para **calcular pi (π),** que aún utilizamos hoy en día.

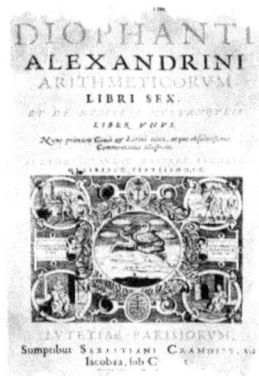

425. Eratóstenes fue un matemático de la antigua Grecia y bibliotecario jefe de **la Biblioteca de Alejandría.** Calculó la circunferencia de la Tierra utilizando principios de geometría. Solo se equivocó en un 15 %.

426. **Diofanto** creó **métodos algebraicos** que se utilizan hoy en día para resolver ecuaciones complejas. Estos métodos se incluyeron en su famosa colección de libros *Arithmetica,* que contiene cientos de problemas y sus soluciones.

427. El trabajo de **Apolonio** sobre las secciones cónicas revolucionó la geometría al introducir nuevas formas y hacer avanzar las matemáticas y la geometría.

428. **Los griegos descubrieron las ecuaciones algebraicas** y las utilizaron para resolver problemas cotidianos.

429. **Los antiguos griegos** fueron los primeros en utilizar letras del alfabeto como símbolos de números desconocidos en las ecuaciones, un método que se sigue utilizando hoy en día.

430. **Los antiguos griegos utilizaron principios geométricos para diseñar edificios** con proporciones agradables a la vista. Algunos ejemplos son el **Partenón de Atenas,** construido hacia el 438 a. C., y **el Templo de Zeus en Olimpia,** construido hacia el 463 a. C.

Ciencia y tecnología de la antigua Grecia

En este capítulo se exploran los increíbles avances **científicos y tecnológicos logrados por los antiguos griegos.** Hay veinte datos interesantes sobre sus inventos y descubrimientos, algunos de los cuales se utilizaron durante siglos. Desde **el primer ordenador hasta los primeros robots,** descubra cómo los griegos sentaron las bases del pensamiento científico actual.

431. **¡Los antiguos griegos inventaron el rudimentario ordenador analógico** (un ordenador es un dispositivo que proporciona respuestas)!

432. Este ordenador era el **Mecanismo de Anticitera,** un antiguo dispositivo astronómico griego que utilizaba engranajes y diales para predecir acontecimientos celestes como los eclipses durante el siglo II a. C. Fue redescubierto en 1901 y luego en 1944.

433. **Los antiguos griegos también desarrollaron algunas de las primeras formas básicas de robótica,** como el Siervo de **Filón,** accionado por engranajes, que podía servir un vaso de vino.

434. Los griegos también fueron los primeros en medir el tiempo con precisión mediante un reloj de sol que dividía el día en doce partes iguales de horas diurnas y nocturnas. Se cree que **Aristarco** de Samos fue su inventor.

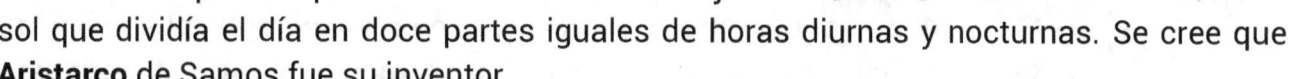
435. Al igual que otras culturas antiguas, los griegos desarrollaron acueductos que **utilizaban la gravedad para transportar agua desde las montañas** o colinas hasta las ciudades para beber, lavar y bañarse.

436. **Los antiguos científicos griegos** fueron los primeros de la historia en utilizar las **matemáticas** como forma de entender la naturaleza que les rodeaba. Esto condujo a avances en física, astronomía e ingeniería.

437. **Los antiguos griegos utilizaban una forma de geometría llamada triangulación** para medir distancias en mar abierto. Esta era una forma esencial de navegar por aguas desconocidas y encontrar nuevos lugares.

438. Hiparco (190-120 a. C.) sentó las bases de lo que se convertiría en la **trigonometría,** permitiendo calcular ángulos y distancias entre objetos mediante círculos y triángulos. Los astrónomos siguen utilizando estos principios para medir estrellas o galaxias.

439. Eratóstenes (276-194 a. C.) calculó la circunferencia de la Tierra midiendo las sombras en dos lugares durante el mediodía en el solsticio de verano, concluyendo que la Tierra debía ser redonda si ambas mediciones coincidían correctamente.

440. El matemático Pitágoras (570-495 a. C.) descubrió el famoso teorema que lleva su nombre tras experimentar con triángulos. Hoy en día, los científicos siguen utilizando su obra para realizar cálculos.

441. El matemático Tales (624-546 a. C.) estudió la electricidad experimentando con piedras de ámbar.

442. El filósofo Anaximandro (610-546 a. C.) creó mapas midiendo distancias entre ciudades y plasmándolas en papel. Fue uno de los primeros ejemplos de cartografía.

443. En el 490 a. C., **Hipócrates** fundó la ciencia médica al separar la medicina de la superstición.

444. Hipócrates es conocido como el padre de la medicina moderna por sus aportaciones, que **incluían la observación clínica** y el diagnóstico utilizando remedios naturales en lugar de tratamientos mágicos o basados en la religión.

445. El científico Herófilo (335-280 a. C.) llevó a cabo investigaciones pioneras sobre la **anatomía** humana, como descubrir la función de ciertos nervios y distinguir las arterias de las venas.

446. Se atribuye a **Arquímedes** la invención de un **odómetro primitivo,** que permitía a los generales griegos conocer la distancia recorrida.

447. Aristóteles desarrolló una teoría del movimiento que proporcionó una comprensión básica del movimiento hasta que **Isaac Newton** descubrió las leyes reales del movimiento.

448. El trabajo de **Aristóteles** también incluyó la **taxonomía o los sistemas de clasificación** de los seres vivos, que los científicos siguen utilizando hoy en día para **clasificar las especies** en función de sus características.

449. Los griegos fueron los primeros en identificar los planetas en el cielo. Cinco son visibles a simple vista: **Hermes, Afrodita, Ares, Zeus y Cronos.** Nosotros los conocemos por los nombres que les dieron los romanos: Mercurio, Venus, Marte, Júpiter y Saturno.

450. Los científicos modernos dieron nombres a constelaciones basadas en mitos griegos y romanos. Una de las más reconocibles es Orión, el nombre de un cazador mitológico griego.

Arte y arquitectura de la antigua Grecia

En este capítulo se exploran diez datos sobre el **arte y la arquitectura de la antigua Grecia.** Se descubre cómo utilizaron la simetría para construir estructuras icónicas como **el Partenón,** así como sus **bellas esculturas y pinturas.**

451. Lo que se reconoce como **arte y arquitectura de la antigua Grecia** comenzó alrededor del año 900 a. C. Muchos de los diseños utilizados en el arte griego antiguo aún se pueden ver hoy en día, como columnas, estatuas y frisos **(esculturas ornamentales).**

452. La arquitectura de este periodo se centraba en gran medida en **la simetría y el equilibrio,** lo que puede verse a través del uso de columnas y frontones triangulares (la parte superior triangular del extremo del tejado) en edificios importantes como los templos.

453. La arquitectura de la antigua Grecia presentaba tres estilos principales: dórico (el más simple), jónico (más ornamentado) y corintio (el más intrincado).

454. El Partenón es el ejemplo más famoso de la arquitectura griega antigua. Este templo fue construido en Atenas, en la Acrópolis, una colina, entre los años 447 y 438 a. C.

455. Los griegos utilizaban mosaicos para decorar suelos, paredes y techos. Todavía pueden verse mosaicos en yacimientos arqueológicos de toda Grecia.

456. Las pinturas solían representar escenas mitológicas. Las pinturas podían encontrarse en jarrones u otros objetos. También podían encontrarse en paredes o techos de templos y otros edificios.

457. La cerámica fue una de las primeras formas de arte de la Grecia antigua. Los jarrones pintados se creaban a menudo para ser enterrados con las personas cuando morían y permitir que los utilizaran en la otra vida.

458. **También eran populares las esculturas de bronce o mármol.** Algunos ejemplos famosos son **la Atenea Partenos de Fidias y el Discóbolo de Mirón.**

459. **El arte griego antiguo** estaba muy influenciado por la religión y la mitología, con muchas piezas que representaban dioses o diosas.

460. **El teatro griego era una forma popular** de entretenimiento durante este periodo. Las obras se representaban a menudo en anfiteatros al aire libre construidos en las laderas de las colinas.

Literatura griega antigua

En este capítulo se explora el cautivador mundo de la **literatura griega antigua.** Hay diez datos interesantes sobre autores, géneros y temas griegos.

461. **La literatura griega se remonta al siglo VIII a. C.**

462. Muchos géneros literarios eran populares, incluyendo **la tragedia, la comedia, la poesía y la filosofía.**

463. **Los antiguos griegos utilizaban la narración de cuentos** para entretener a la gente durante celebraciones o festivales como **la *Dionysia*** y **la *Panathenaea*.**

464. **Los antiguos griegos creían que los dioses podían adoptar cualquier forma que quisieran,** por lo que las historias a menudo presentaban deidades que se convertían en animales.

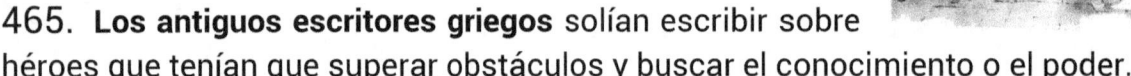

465. **Los antiguos escritores griegos** solían escribir sobre héroes que tenían que superar obstáculos y buscar el conocimiento o el poder.

466. **Homero** es autor de dos de los poemas épicos más famosos de la antigua Grecia: **la Ilíada** y **la Odisea.** Los historiadores debaten si Homero fue una persona real o solo un nombre que se ha transmitido a través de los tiempos.

467. Una de las **poetisas griegas** más famosas fue **Safo,** una mujer que, según se cree, era princesa o hija de una familia rica de la isla de Lesbos. Escribió sus poemas entre 630 y 570 a. C.

468. **El filósofo Platón** escribió muchas obras famosas, entre ellas **La República,** que trata de sus puntos de vista sobre la justicia y el gobierno.

469. **La Poética, de Aristóteles,** se sigue estudiando hoy en día, porque permite comprender cómo se formaron algunas de las primeras obras de teatro y cómo deben elaborarse las historias.

470. Al igual que los artistas actuales, los dramaturgos griegos tenían muchos imitadores que escribían siguiendo el estilo de **Esquilo** o **Aristófanes,** por ejemplo.

Lengua y alfabeto griegos antiguos

Descubra cinco datos interesantes sobre **la lengua y el alfabeto griegos antiguos.** Conozca sus veinticuatro letras basadas en sonidos fonéticos y la letra sigma, que aún se utiliza en Grecia y en matemáticas.

471. **La primera forma escrita del griego antiguo data de hace más de tres mil años.** Influyó enormemente en muchas lenguas modernas, como el inglés.

472. **El alfabeto utilizado en griego antiguo tenía veinticuatro letras.** Solo había mayúsculas, ¡no minúsculas! Todas estas letras se basaban en sonidos fonéticos, es decir, diferentes combinaciones de ellas formaban el sonido de cada palabra.

473. **El griego sigue considerándose hoy una parte esencial de nuestro patrimonio cultural.** Una letra especial de su alfabeto es la **sigma,** que tiene forma de herradura invertida (Σ). Produce un fuerte sonido de doble «S».

474. **Además de ser hablado por los habitantes de la antigua Grecia, también se utilizó ampliamente en todo el Imperio Romano,** especialmente en la educación y la ciencia. Fue la fuente de muchos términos técnicos y científicos que se siguen utilizando hoy en día.

475. **El griego se convirtió en la lengua del gobierno griego en 1821,** cuando los griegos consiguieron la independencia de los turcos otomanos.

La guerra en la Grecia antigua

En este capítulo se explora **la fascinante historia de la guerra en la Grecia antigua.** Veremos diez datos interesantes sobre sus **tácticas, armas, armaduras y máquinas de asedio.** También se puede ver cómo utilizaban diferentes **estrategias** para burlar a sus enemigos y obtener ventaja en **el campo de batalla.**

476. **La formación de batalla griega más importante era la falange,** que consistía en soldados de pie, hombro con hombro, con largas lanzas apuntando hacia sus enemigos.

477. **Los soldados griegos solían usar escudos** durante las batallas para protegerse de las flechas y otros proyectiles que les lanzaban las fuerzas enemigas.

478. **Los guerreros griegos usaban diferentes estilos de cascos, dependiendo de su lugar de origen.** El más famoso de estos **estilos es el corintio,** que se ve a menudo en películas y programas de televisión.

479. **Los cascos griegos solían consistir en una estructura de bronce en forma de cuenco** con protectores en las mejillas. Ofrecían una excelente protección contra los golpes de espada.

480. **Los hoplitas** eran guerreros especialmente entrenados que luchaban con armaduras pesadas y llevaban grandes escudos y lanzas o espadas a las batallas. Formaban la columna vertebral de muchos ejércitos de la antigua Grecia.

481. **Los antiguos griegos contaban con una unidad especial de soldados llamados peltastas,** que confiaban en la velocidad y la agilidad más que en la armadura para protegerse durante la batalla.

482. **La equitación desempeñó un papel esencial en la antigua guerra griega,** especialmente en tiempos de Alejandro Magno. Los guerreros montados podían maniobrar con rapidez y atacar desde ángulos inesperados.

483. **Los griegos utilizaban catapultas primitivas** para derribar murallas o fortificaciones que protegían a las fuerzas enemigas.

484. Los historiadores aún debaten **la famosa historia del caballo de Troya.** Se suponía que el caballo de madera era un regalo de los griegos a los troyanos, pero en realidad estaba lleno de soldados griegos que esperaban para atacar a los troyanos una vez dentro de la ciudad.

485. En muchas batallas había combates individuales, cuerpo a cuerpo entre dos bandos, pero en la mayoría de las batallas se enfrentaban grandes grupos a la vez.

Comercio en la Antigua Grecia

En este capítulo se analizan cinco **datos interesantes sobre el comercio de la antigua Grecia.** Su moneda, sus barcos y sus prácticas de trueque.

486. Las antiguas ciudades griegas tenían sus propias monedas, que permitían el comercio entre distintas regiones, llamadas «dracmas» y utilizadas en todo el **Mediterráneo.**

487. Los barcos comerciales se llamaban trirremes. ¡Tenían tres bancos de remos que los hacían muy rápidos en el agua!

488. Los mercaderes griegos viajaban por todo el Mediterráneo para comerciar con productos como vino, aceite de oliva, cerámica y joyas con otras civilizaciones tan lejanas como Egipto y Persia.

489. Los antiguos griegos comerciaban mediante el trueque. Intercambiaban un artículo por otro sin utilizar dinero.

490. Corinto era una de las ciudades comerciales más importantes de la antigua Grecia. Su puerto se utilizaba para enviar y recibir mercancías de otros países del Mediterráneo.

La colonización de la antigua Grecia

En este capítulo se explora **la increíble historia de la colonización de la antigua Grecia** y su duradero legado. Hay cinco datos interesantes sobre sus **exploraciones, sus redes comerciales** y cómo la colonización griega sigue influyendo hoy en día.

491. **Los antiguos griegos eran exploradores y colonizadores.** Navegaban en barcos por el Mediterráneo **para explorar nuevas tierras y establecer colonias,** ciudades que servían como centros de comercio de bienes como especias y tejidos.

492. **La primera colonia griega fue establecida por la ciudad-estado de Mileto,** en la actual Turquía, alrededor del año 650 a. C. Los antiguos griegos fundaron más de quinientas colonias por toda Europa, Asia Menor, el norte de África e incluso partes de las actuales Rusia y Ucrania.

493. **La colonización permitió que diferentes culturas interactuaran entre sí,** a veces pacíficamente, a veces no. Este intercambio dio lugar a importantes avances en las artes, la cultura y el conocimiento científico.

494. **Los colonos griegos trajeron consigo a sus dioses,** que se hicieron populares entre la población local. Por ejemplo, **Atenea era venerada en muchas colonias** y su estatua se convirtió en un símbolo del proceso de colonización.

495. La mayoría de las **colonias griegas** fueron destruidas o absorbidas por los romanos.

Derecho y gobierno de la antigua Grecia

Este capítulo analiza en profundidad el **derecho y el gobierno de la antigua Grecia.** Hay cinco datos interesantes sobre los **sistemas jurídicos, las clases sociales y la democracia.**

496. **La primera forma democrática de gobierno en el mundo comenzó en Atenas, Grecia,** alrededor del año 500 a. C. Todos los ciudadanos tenían el mismo derecho a opinar sobre la gestión de su ciudad-estado. Sin embargo, la mayoría de las personas no eran ciudadanos.

497. **En la antigua Atenas,** las personas se dividían en tres clases: **esclavos, ciudadanos libres y mujeres.** Los esclavos no tenían ningún derecho. Las mujeres tenían muy pocos derechos. Los ciudadanos libres normalmente podían participar en los procesos de toma de decisiones políticas, como votar a los líderes o decidir sobre las leyes.

498. **El juicio con jurado era habitual en las ciudades-estado griegas de la época, como Atenas.** Si alguien era acusado de un delito, sus pares decidían si era inocente o culpable, en lugar de que una sola persona tomara esa decisión.

499. **Las ciudades griegas tenían diferentes sistemas jurídicos** que variaban de una región a otra. Algunas, como **Atenas** en la Edad Clásica, eran más **liberales** y permitían que el pueblo tuviera voz. Otras ciudades-estado, como **Esparta,** eran más bien **dictaduras.**

500. **Los filósofos de la antigua Grecia, como Sócrates, Platón y Aristóteles, escribieron mucho sobre política, ética y justicia,** lo que influyó enormemente en los sistemas jurídicos posteriores de todo el mundo.

Conclusión

La antigua civilización griega ha dejado un legado duradero que aún hoy influye. *Sus aportaciones a las matemáticas, la ciencia, el arte y la literatura han dado forma al mundo.* Desde su *alfabeto y su lengua únicos* hasta sus *mitos de dioses y héroes,* la antigua Grecia fue una cultura increíblemente influyente que ayudó a dar forma a la historia. No es de extrañar que siga cautivando nuestra imaginación miles de años después.

Tenemos la suerte de poder *explorar esta sociedad antigua* a través de pruebas arqueológicas y obras escritas de *autores como Homero o Platón,* que siguen inspirándonos con su sabiduría intemporal. Al concluir este viaje por el pasado de la *antigua Grecia,* se pueden contemplar todos los increíbles logros conseguidos por una de las *civilizaciones más notables* de la humanidad, ¡cuya influencia perdurará durante muchos siglos más!

Fuentes y referencias adicionales

Sociedades en transición en la Grecia primitiva: An Archaeological History. University of California Press, Oakland, p. 11.

«Visited Releases List of Top 10 Most Popular Ancient Sites». https://www.newswire.com/news/visited-releases-list-of-top-10-most-popular-ancient-sites-21845252.

Finch, Caleb E. *La biología de la longevidad humana: Inflamación, nutrición y envejecimiento en la evolución de la esperanza de vida.* Amsterdam: Elsevier, 2010.

Amos, Hugh D., y A. G. Lang. *Así eran los griegos*. Bristol Classical Press, 1996.

Kebric, Robert B. *El pueblo griego*. McGraw-Hill Humanities Social, 2004.

Pomeroy, Sarah B., Stanley M. Burstein, Walter Donlan y David W. Tandy. *Grecia antigua: Una historia política, social y cultural*. Nueva York: Oxford University Press, Estados Unidos, 2017.

Cline, Eric H. *El mundo griego antiguo: De la Edad de Bronce a la Muerte de Alejandro Magno*. Oxford University Press, 2017.

Murray, Tim. *Arqueología griega: Guía de yacimientos y museos de Grecia.* University of California Press, 2020.

Carter, Jennifer. *Grecia antigua: La vida cotidiana en la cuna de la civilización occidental.* Scholastic, 2011.

Cartwright, Mark. *Grecia antigua: Una historia de principio a fin*. Hourly History, 2019.

Cartledge, Paul y otros, *Los espartanos: An Epic History*, Basic Books, 2003.

Finley, M. I., y Oswyn Murray, eds. *La historia de Oxford del mundo clásico: Grecia y el mundo heleno* (Oxford University Press, 1986).

Rowlandson, Jane y Christopher Rowe, eds. *Filósofos griegos: de Sócrates a Aristóteles* (Routledge Classics 2001).

Kagan, Donald. *La guerra del Peloponeso*. Penguin Books, 2003.

Heródoto. *Las Historias*. Traducción de Aubrey de Selincourt (Nueva York: Penguin Books, 1972).

Cartledge, Paul. *Alejandro Magno: La caza de un nuevo pasado*. Macmillan, 2004.